FRITZ FENZL

Marienwunder

W0192635

FRITZ FENZL

Marienwunder
aus aller Welt

*Aufzeichnungen
aus geheimen Archiven*

nymphenburger

Besuchen Sie uns im Internet unter http://www.herbig.net

© 2002 nymphenburger
in der F. A. Herbig Verlagsbuchhandlung GmbH, München
Alle Rechte, auch der fotomechanischen Vervielfältigung
und des auszugsweisen Abdrucks, vorbehalten.
Schutzumschlaggestaltung: Wolfgang Heinzel
Schutzumschlagmotiv: akg-images, Berlin
Satz: Schaber Satz- und Datentechnik, Wels
Gesetzt aus 11,4/16 Punkt Trump Mediäval
Druck und Binden: GGP Media, Pößneck
Printed in Germany
ISBN 3-485-00920-2

INHALT

WER IST MARIA?

Maria ist Mutter Gottes, Himmelskönigin, Allerseligste Jungfrau.

Sie ist die Mutter von Jesus Christus, den sie vom Heiligen Geist empfing. Damit sind wunderbare und archetypische Verhaltensweisen, Anlagen, Gefühle und Funktionen umrissen. Maria ist Frau, Mutter, Gebärerin, Liebende, Beschützerin, Bewahrerin, Mitleidende, Schmerzensreiche; sie ist weiblich in allem, was sie denkt, tut und erfahren muss.

Maria versteht wirklich, was menschlich ist und übermenschlich, jedwedes Anliegen, das Menschen an sie, die Gnadenvolle, richten und ihr vortragen, wird von ihr verstanden. Und: Ihre Art zu verstehen wirkt nach in dem, der verstanden wurde.

Denn die auserwählte Frau hat selbst alles erlebt und ihr Verständnis kennt keine Grenzen, was die in diesem Buch zusammengefassten Geschichten zeigen.

»Seht, die Jungfrau wird ein Kind empfangen, sie wird einen Sohn gebären, und sie wird ihm den

Namen Immanuel (d. h. ›Gott mit uns‹) geben«, heißt es in der Bibel bei Jesaja 7, 14.

Der biblische Bogen spannt sich dann über die Geburt Jesu und deren aufregende Vorgeschichte, hin zur Hochzeit zu Kanaa, diesem wundersamen Zwischenspiel, bis zur weltverändernden Tragödie der Kreuzigung. Schließlich ist Maria auch beim Pfingstereignis dabei – als einzige Frau!

In Wesen, Funktion und heiligender Wirkung überschneiden sich die Gestalt und der Geist Marias oft mit dem Wesen und Wirken der heiligen Engel, allen voran dem Erzengel Michael und den Schutzengeln.

Maria ist jedoch immer, in des Wortes wahrster innerer Bedeutung, ein guter, helfender Geist.

Eine wunderbare Erklärung, die Maria als Beschützerin noch über den Schutzengel erhebt, findet sich im Archiv der Kirche. Wenngleich der Text über hundert Jahre alt ist, scheint er nichts von seiner fast schwärmerischen Marienverehrung verloren zu haben:

»In der That begründet der Titel ›Mutter Gottes‹ zwischen ihr, die mit demselben ausgezeichnet ist, und dem Gottmenschen eine Verwandtschaft ganz der nämlichen Art, wie jene, nach welcher ein jeder von uns mit seiner Mutter natürlich verbunden (...).

Wer möchte da nicht, bei Betrachtung einer solchen Vereinigung, ähnlich wie Paulus (Hebräer I, 4, 5) von dem Sohne Gottes geschrieben, auch von Maria sagen, dass sie um so viel besser als die Engel geworden ...« (Aus: P. Mislei S. J.: Die Mutter Gottes. Geschildert von den hl. Vätern und Lehrern der Kirche. Wien 1866, S. II/III).

Maria verbindet stets aufs Neue unten und oben, Welt und himmlische Sphären. Sie umgeht sämtliche Zeitschranken und öffnet kosmische Schleusen: Sie spricht in unsere Gegenwart hinein: aus der Ewigkeit heraus, die Jetzt-Zeit berührend, in die Zukunft.

Wer Marien-Erscheinungsorte besucht, kann das selbst erfahren.

Maria ist vor allem im 20. Jahrhundert, das sich in grausamer Weise zur Geschichte der Gewalt und der Vergeltung wandelte, über die Rolle der Heiligen, die ihr Gläubige vergangener Jahrhunderte zugewiesen hatten, hinausgewachsen: Sie ist Warnerin geworden und Prophetin, wundersam Erscheinende in göttlicher Mission. Maria greift ein und ruft laut zur Umkehr. Die Menschheit muss endlich begreifen: So geht es nicht weiter. Wir leben fern von Gott, zerstören die göttliche Schöpfung und es ist höchste Zeit für eine Umorientierung. Maria ist dabei aktueller denn je. Das zeigt auch ein Blick in die jüngere Geschichte. Seit Beginn des 18. Jahrhunderts nehmen die Visionen und Auditionen (also Seh- und Hörerlebnisse) nicht nur von Maria, sondern auch von Jesus, Heiligen, vor allem Engeln und dem Schutzengel nachweislich stark zu. Zählte man im 19. Jahrhundert noch 106 Erscheinungen, waren es im 20. Jahrhundert 427.

Die Gottesmutter mischt sich ins Weltgeschehen ein!

Und sie tut dies mit Warnungen, wahren Prophezeiungen, verschlüsselten Botschaften und mit spektakulären oder leisen Wundern.

Wenngleich manche Erscheinungen Weltgeltung erlangt haben, so ist die Sprache der Madonna stets leise und ebenso liebevoll: Es braucht ein wenig Übung, Bereitschaft, vielleicht auch Naivität ganz im positiven Sinne, also Überwindung des kalten Intellektes, um die wuchtigen und letztlich kompromisslosen Inhalte dieser himmlischen und Wunder-samen Sprache zu verstehen.

Quer durch die Jahrhunderte fällt auf, dass die berühmten Marienerscheinungen stets mit starken Lichterlebnissen einhergehen. Bei dem Wunder von Fatima geht das so weit, dass wir einer kreiselnden, rotierenden Sonne begegnen: dem weltberühmten Sonnenwunder.

In der Cova da Ira begegnet die Madonna strahlend und herrlich, liebevoll und warnend den drei Seherkindern Francisco, Jacinta und Lucia (der Lichtvollen). Dies geschah am 13. Mai im Jahre 1917 und die Erscheinung einer wunderschönen jungen Madonna wiederholte sich sechsmal. Dann folgte die kreiselnde Sonnenscheibe, ebenfalls an einem Dreizehnten.

Maria erscheint, heilt, warnt. Auch das »Lourdes-Wasser« hat heute noch die Strahlkraft des Heiligen.

Fatima und Lourdes sind sicherlich die bekanntesten Wunderorte. Doch finden sich in Kirchenarchiven auch viele schöne und aufregende, so weitgehend unbekannte Marienwunder, von denen einige hier dargestellt werden.

Und alle Marienwunder deuten in eine bestimmte Richtung: Maria hilft uns weiter. Sie hilft jedem Einzelnen, sich zu erkennen, hilft zu der inneren Schau eines jeden Gläubigen, dass er hineingeboren wurde in den Umkreis vollendeter Harmonie eines liebenden, nicht strafenden Gottes.

Das wundersame Abbild Marias

DIE WEINENDE MADONNA
VON SYRAKUS

In einem kleinen Haus auf Syracus in Sizilien wohnen die Eheleute Angelo und Antonia Iannuso. Sie besitzen, damals wie heute, ein kleines Marienbildnis, ein Halbrelief aus Gips, bunt bemalt mit verschiedenen für solche Herz-Maria-Bildnisse üblichen Farben. Innen ist die zierliche Madonna hohl. Die starke suggestive Wirkung der Skulptur rührt nicht zuletzt daher, dass sie auf einer ovalen schwarzen Glasplatte befestigt ist.

Es ist der Morgen des 29. August 1953. Das helle Licht des Tages durchflutet die sonnenselige Insel. Frau Iannuso macht einen ersten Rundgang durch die ordentlich gehaltene Wohnung und wie jeden Tag hält sie vor dem Herz-Maria-Bildnis inne, um sich davor zu sammeln.

Da fällt der jungen Sizilianerin in die Augen, dass auf dem unteren Lid des rechten Auges der Marienfigur irgendetwas hell glänzt! Das Licht der Sonne scheint sich in einem Diamanten oder Tropfen verfangen zu haben, genau so, dass das

Funkeln und Brillieren des reflektierten Lichts der jungen Frau auffällt. Sie geht näher heran.

Tatsächlich hängt da ein dicker Wassertropfen an dem Lid. Wo kommt der her? Es scheint ihr so, als ob die wunderschöne Madonna recht traurig wäre und weinen würde.

Bald ist der Tropfen zu schwer und fällt zur Erde. Auf dem Parkett des Fußbodens bleibt er als kleiner Fleck sichtbar. Woher kam er? Antonia will von solchen unerklärlichen Dingen eigentlich nichts wissen, sie will sich wieder dem Alltag zuwenden …

Doch dann sieht sie tatsächlich einen neuen Wassertropfen, diesmal am anderen Auge. Auch der fällt zu Boden und nun sieht Antonia, dass ganz ohne Zweifel dicke Tränen aus beiden Augen der kleinen Marienfigur rinnen, wässrige Perlen, die schließlich in einen ununterbrochenen Tränenfluss übergehen. Wie traurig musste die Madonna sein.

Antonia läuft, erschrocken und erschüttert, aus dem Haus, sucht ihren Mann Angelo am Arbeitsplatz, erzählt ihm alles. Schon hören einige umstehende Neugierige interessiert und gebannt mit. Eine weinende Madonna? Hier am Ort!

Bald weiß die ganze kleine Stadt davon.

Noch am selben Abend strömt eine erregte Menschenmenge zu dem Haus in der Straße Degli

Orti di S. Giorgio. Einige schimpfen, andere knien auf der Straße – alle sind auf ihre Weise erregt. Angelo und Antonia ist das Ganze eher peinlich. Mit ihrer Ruhe ist es nun auch endgültig vorbei.

Doch es sollte noch schlimmer kommen. Gegen 21 Uhr ist die Polizei da. Erregte Beamte dringen in das Haus. Sie reden von Betrug und wollen den Schwindel auffliegen lassen. Kurzerhand wird die Madonna zur Polizeidirektion mitgenommen. Bevor höhere Beamte und Spezialisten eintreffen, untersuchen anwesende Polizisten auf dem Revier die wunderbare Statue. »Nichts Besonderes«, murmelt der Revierleiter. Recht hat er: keine Tricks, keine Flüssigkeitsvorrichtung, nichts.

Aber unaufhörlich weint die Gnadenmutter weiter. Auf der abgewetzten Holzplatte des Revierschreibtisches glänzt der gleiche Tränensee wie in der Straße Degli Orti di S. Giorgio.

Die Beamten hier sind jedoch ebenfalls fromme Katholiken! Sie sinken auf die Knie, beten und wollen nähere Umstände von Antonia erfahren. Diesmal nicht in inquisitorischer Absicht, sondern aus unmittelbarer Glaubenserfahrung. Angela darf gegen Mitternacht wieder nach Hause gehen. Die liebenswerte Madonna nimmt sie mit.

Die Madonna weint weiter.

Mit der Ruhe in der beschaulichen Wohnung ist es nun für immer vorbei. Die Presse rückt an, erst schreibende Reporter, bald auch das Radio und schließlich auch das Fernsehen. Denn die Geschichte schlägt Wellen, weit über Syrakus und ganz Sizilien hinaus.

Jeder glaubt, das Rätsel lösen zu können.

Da muss doch ein Trick sein, ein Schwindel, wenigstens eine rational fassbare Erklärung! Die Kirche verhält sich, wie stets in solchen Fällen, diskret und zurückhaltend. Die Sache wird wissenschaftlich untersucht, zunächst vom behördlichen Gesundheitsamt. Am 1. September 1953 findet eine akribische chemische Analyse der Tränen statt. Ergebnis: die Flüssigkeit, wie sie aus beiden Augen der Madonna quillt, hat die gleiche Zusammensetzung wie menschliche Tränen! Erklärung: Unmöglich.

Erst nachdem wissenschaftlich die Echtheit des Vorgangs gesichert ist, beginnen kirchliche Untersuchungen. Man weiß bis zu diesem Zeitpunkt nur, dass dies Phänomen unumstößlich wahr ist – eine Erklärung gibt es nicht.

Im September 1953 beginnt das kirchliche Gericht mit offiziellen Untersuchungen. 189 Personen werden akribisch vernommen. Alle sagen aus, sie hätten mit eigenen Augen die Madonna gesehen. Dazu existieren mehrere Filmaufnahmen.

Der Zeichenlehrer Vittorio Lussa: »Zuerst stand ich allem Gesagten skeptisch gegenüber (...). Wir sahen die Tränen wirklich aus den Augen, aus den Augenhöhlen hervorquellen.«

In der Zeitung »La Sicilia« vom 2. September schreibt der Journalist Aldo Carratore: Es ist offensichtlich, dass es sich nicht um das Phänomen reiner Suggestion handeln kann, da die Feststellung auch von Personen gemacht wurde, die aus eingewurzeltem Vorurteil nicht glauben und die sich dem wunderbaren Bild nur aus Neugier näherten, um sich um jeden Preis eine natürliche Erklärung des Phänomens zu geben. (Zitiert aus: Harald Grochtmann: Unerklärliche Ereignisse, überprüfte Wunder und juristische Tatsachenfeststellung.)

Die sizilianische Bischofskonferenz fällte bereits am 12. Dezember 1953 in Palermo ein positives Urteil. Daraus ein wörtliches Zitat: »Sie [die Bischöfe] wünschen, dass diese Kundgebung der himmlischen Mutter bei allen heilsame Buße und größere Verehrung des unbefleckten Herzens Mariens bewirke, somit den beschleunigten Bau einer Wallfahrtskirche zum fortdauernden Andenken an das Wunder.«

Ein bedeutender Teil so genannter unerklärlicher Phänomene konnte und kann spielend sämtlichen wissenschaftlichen Härtetests standhalten. Man findet dann, paradoxerweise, die Tatsache des Wunders wissenschaftlich und empirisch fassbar bestätigt, eine Erklärung kann jedoch keiner angeben. So wie auch hier festgestellt wurde, dass die Madonna wirklich weint, niemand jedoch sagen kann, warum und wie.

EINE GIPSMADONNA RETTET EINEN ZWEIFLER

Roswitha Delonge war eine bescheidene Frau, irgendwie der Prototyp der guten Nachbarin. Wann immer man sie brauchte, sei es zum Blumengießen während der Urlaubszeit, sei es, um einen Moment auf die Kinder aufzupassen, sie half gerne.

Es musste schon etwas dran sein an der unscheinbaren Dame so um die siebzig, denn beide Kinder des Ehepaares Max und Svenja Pillert aus Regen inmitten des Bayerischen Waldes waren in die gute Nachbarin regelrecht verliebt. Der kleine Max reichte ihr bisweilen den Lieblingsteddy über den Zaun und bat sie mit heiligem Ernst, auf das Bärchen aufzupassen, so wie sie stets auch um ihn selbst Sorge trug, wenn seine Mutter Svenja die hilfreiche Nachbarin darum gebeten hatte. – Der Kleine schenkte ihr mit der Übergabe seines Lieblingsbären ein unermessliches Vertrauen. Das hätte der dreijährige Knirps für sonst niemanden übrig gehabt.

Immer wenn das Gespräch des Ehepaares Pillert auf Frau Delonge kam, dann sagte die Frau: »Wie gut, dass wir solch eine Nachbarin haben. Irgendetwas ist an der dran, das zieht einen wie magisch an.«

»Unfug!«, entgegnete Max dann etwas selbstherrlich und unwirsch und nach der fragenden Pause, die seine Frau entstehen ließ, fügte er eins drauf: »Sie ist eine religiöse Spinnerin.«

»Das macht doch nichts.«

»Mit ihrem Mist soll sie mich in Ruhe lassen.« Max gefiel sich immer schon in der Dauerrolle des Atheisten.

Mit »Mist« meinte er die für ihn ärgerliche und peinliche Tatsache, dass Roswitha Delonge einmal im Jahr, immer zur Marienzeit, eine kleine gipserne Madonna vorbeibrachte.

Es war jedes Jahr das Gleiche. Immer im Mai klingelte es eines Abends so gegen 19 Uhr; Roswitha stand draußen und hielt die kleine Figur liebevoll in ein Tüchlein eingewickelt. Sie erbat sich den Weg ins Wohnzimmer, enthüllte mit eigenartigem Ernst die kleine Statuette und stellte diese auf die Kommode.

»Gut für die Seele«, sagte sie nur. Seit vielen Jahren tat sie das. Der Vater duldete es zähneknirschend und um des Friedens in der Familie willen. Er sah, wie gebannt die Kinder dieses immer gleiche Ritual beobachteten, und ihm entging auch nicht, dass seine Frau »an den Mist« glaubte.

Die Tatsache, dass er mit seiner Meinung in der Familie allein stand, ärgerte ihn umso mehr. Dennoch ließ er es geschehen und beleidigte das Marienfigürchen mit Groll und Abscheu und was immer ihm sonst noch einfiel.

Zu seiner Familie sagte er nichts.

So stand also das gipserne religiöse Kleinod für einige Maientage im Wohnzimmer der vierköpfigen Familie und es sollte Glück bringen übers Jahr.

Dann kam die Zeit der Rückgabe. Mutter Svenja wickelte die zerbrechliche Madonna in das Seidentüchlein und Vater Max fasste sich überraschend ein Herz und sagte: »Ich bringe das Ding zurück.«

Warum er dies anbot, warum er die kleine eingewickelte Statuette überhaupt anfasste und in die Rocktasche gleiten ließ, das verstand keiner in der Familie.

Er ging nach draußen, wollte eben noch den kurzen Weg durch den Garten zu Frau Delonge nehmen; doch da riefen schon seine Freunde, die vor dem Haus warteten. Er ging direkt zu ihnen und vergaß die Gipsmadonna in seiner Tasche.

Er hatte sich für diesen Sonntag mit seiner Männerclique zu einer Spritztour verabredet, um beim Aufbau eines Festzeltes zu helfen. Es sollte in die malerische und urwüchsige Landschaft des gemeinsamen Fischwassers gehen, des so genannten »Schwarzen Regen«, eines dunklen moorigen Wildflusses, der sich bei Teisnach, der Stadt Regen und der mystischen Burgruine Weißenstein besonders malerisch durch den Bayerischen Wald windet.

Die Männer fuhren in einem ganz neuen Geländewagen. Max hatte die Gipsfigur in seiner Lederjacke stecken. Er nahm die schützende Gottesmutter, im wahrsten Sinne des Wortes, »mit auf den Weg«! Ohne es zu wollen und ohne daran zu denken.

Auf einer weiten, von den Regenfällen der letzten Tage noch recht feuchten Wiese ganz in der Nähe des Flusses sollte das Festzelt aufgestellt werden. Es ist in dieser Gegend durchaus üblich, dass alle mittun, wenn eine Festlichkeit vorbereitet wird. Max und seine Freunde waren allesamt im Fischerverein, der neben der freiwilligen Feuerwehr als besonders gesellig galt.

Als das Festzelt stand, bestaunten alle den metallic-blauen Geländewagen. Plötzlich hatte einer der anwesenden Burschen die Idee, eine dekorative Lichterkette zu dem gegenüberliegenden Baum zu spannen.

»Das sieht bestimmt gut aus. Das gibt für die Ankommenden einen festlichen Glanz.«

Was er im Halbfinsteren nicht sah, war, dass über dem besagten Baum, einer hohen Eiche, eine Starkstrom-Leitung verlief, 20 000 Volt.

Schnell hatte Franz, der Lehrer, eine Leiter geholt. Die verhedderte sich jedoch in der Eiche und ein anderer kam, um die Leiter aus dem Geäst zu lösen. Max wollte helfen, doch da störte ihn die Lederjacke. Als er diese auszog, fiel ihm die Madonna ein.

»Die gipserne Figur darf nicht kaputtgehen, wenn ich sie schon bei mir trage und Frau Delonge so an ihr hängt«, dachte er. Deshalb ging er zurück in das noch leere Bierzelt, um Jacke samt Madonnenfigur behutsam auf einer noch unbenutzten Theke abzulegen.

Dann zuckte draußen ein greller Blitz auf: Schreie, Entsetzen, Durcheinander.

Erst dachten alle, die Lichterkette stünde unter Strom. Später erst konnte rekonstruiert werden, dass die Metallleiter der Starkstromleitung viel zu nahe gekommen war. Es hatte zwar keine Berührung mit den Drähten stattgefunden, jedoch war ein so genannter Spannungsüberschlag erfolgt.

Die beiden Männer lagen reglos am Boden. Jede Reanimation durch den Notarzt war umsonst. Max stand nur da und weinte.

Er wusste, dass er den beiden zu Hilfe gekommen wäre und die todbringende Leiter festgehalten hätte. Wenn nicht die Jacke ... die Madonna ...

»Sie hat mir das Leben gerettet.«

Wie hatte er so schlechte Gedanken haben können! Und wie hatte Maria es ihm vergolten.

Nur eine billige Gipsfigur.

Natürlich ist es so, dass bei all den Marien-Wunder-, Marien-Heilungs- und Marien-Errettungsgeschichten es oft tiefgläubige Menschen sind, denen ein Wunder widerfährt: nicht zuletzt durch die Bereitschaft und eben den unbedingten Glauben, der bekanntlich eine höhere Denkform ist, Berge versetzt und Unmögliches schneller möglich macht als der verneinende Zweifel. Doch auch Zweifler erfahren Wunder! Das mag selbst eines der Wunder dieses Lebens und damit auch des Glaubens sein: Gottes Gnade, sein Verzeihen und seine liebende Nachsicht.

Die Vision
der Marienmedaille

Unzählige Menschen auf der ganzen Welt tragen eine oval geformte Medaille bei sich, deren Vorderseite die gütig segnende Gottesmutter zeigt. Auf der Rückseite des zauberhaften Medaillons ist ein M aufgeprägt, M für Maria, von einem Kreuz überragt, darunter die Herzen Jesu und eben der Gottesmutter selbst.

Mit dieser kleinen Medaille, die eher unscheinbar wirkt, hat es eine ganz besondere Bewandtnis: Katharina Labouré war eine junge, hübsche, sehr gläubige Krankenschwester der Vinzentinerinnen, die in Paris ihr Noviziat ableistete. Sie sah die höchste aller Aufgaben hier auf Erden im Dienst am Nächsten und versah ihre schwere Pflegearbeit zur Zufriedenheit aller. Dies alles geschah in Rue du Bac 140.

So gingen die Tage dahin, aber am 18. Juli des Jahres 1830 offenbarte sich die Dimension des Ewigen, Wunderbaren und Unerklärlichen in dem bis dahin sehr geordneten Leben der jungen Frau.

Katharina hatte sich eben in einen abgelegenen Raum im Mutterhaus der Vinzentinerinnen begeben, um dies und das zu erledigen.

Plötzlich stand leibhaftig, schön, strahlend, von überirdischer Majestät und Würde die Gottesmutter vor ihr.

»Ich werde wiederkommen«, sagte diese nur. Und dann sprach sie noch von einem weit reichenden Auftrag, den sie vorhatte zu erlassen …

Und so unvermittelt, wie sie erschienen war, so unvermittelt verschwand sie wieder.

Katharina Labouré war ganz und gar nicht der Mensch, der an einer solchen Erscheinung zweifelte und sich über die Echtheit oder den Sinn der lichtvollen Gestalt zweifelnde Gedanken machen würde. Dies entsprang keineswegs einer alles anerkennenden Naivität. Katharina war klug und bodenständig und ihr echter Glaube konnte einfach zulassen, dass tatsächlich etwas aus einer anderen, höheren Welt mit Macht in das Hier und Jetzt eingreifen wollte.

Die junge Frau wartete nun in freudiger Empfänglichkeit und offener Empfangsbereitschaft auf die angekündigte Erscheinung und den damit verbundenen Auftrag. In dieser anmutigen, gläubigen Erwartung und Annahme dessen, was kommen sollte, ähnelte sie der Jungfrau Maria selbst, die bei der großen Ankündigung durch den

Engel, sie werde ein Kind aus dem Geist gebären, weder gezweifelt noch sich aufgelehnt hatte, sondern schlicht gesagt: »Dein Wille geschehe.«

Dies staunende Warten sollte sich lohnen. Denn eines Tages, nämlich am 27. November desselben Jahres, stand die Madonna wieder vor Katharina! Oh, wie die Himmelskönigin aus sich selbst strahlte!

Die allerseligste Jungfrau, die so erwartet und doch unerwartet zugleich, vor der faszinierten jungen Nonne stand, trug ein weißes, wallendes Gewand und dazu den tiefblauen, das schöne Gesicht rahmenden Schleier.

Sie stand auf einer Erdkugel. Unter ihren Füßen wand sich kraftvoll, aber deutlich ihrer Macht unterlegen, eine entsetzliche Schlange.

So stand die Gottesgebärerin und schwebte zugleich, war ungreifbar, unbegreifbar und doch real gegenwärtig. Sie senkte mit entgegenkommender Geste die gütigen Hände und sagte: »Die Strahlen sind das Sinnbild der Gnaden, die ich über alle ausgieße, die mich darum bitten.«

Dann geschah ein weiteres Wunder! Katharina Labouré traute ihren Augen kaum. Um die wundersame Gottesmutter bildete sich ein ovaler Rahmen und dazu waren die Worte zu hören: »O Maria, ohne Sünde empfangen, bitte für uns, die wir unsere Zuflucht zu dir nehmen.«

Schwester Katharina erlebte die historische Marienerscheinung in einer Art Trance, all das, was in diesen Augenblicken der Ewigkeit geschah, meißelte sich unauslöschlich in die Erinnerung der überwältigten Vinzentinerin.

Sie hörte die Worte: »Lass nach diesem Muster eine Medaille prägen. Überreicht werden die Gnaden für jene sein, die sie mit Vertrauen am Hals tragen.«

Nun wendete sich das Bild vor ihr auf wundersame Weise, Katharina sah, wie die genannte Medaille auf der Rückseite aussehen sollte: das M, von einem Kreuz überragt, das auf einem Querbalken ruhte. Dann die beiden Herzen, das von Jesus, umgeben von der Dornenkrone, und das von Maria selbst, von einem Schwert durchbohrt. Und all das lichtvoll gerahmt von einem Strahlenkranz aus zwölf Sternen.

Dann war die grandiose Erscheinung urplötzlich vorbei. Aufgelöst ins Nichts.

Im Dezember 1930 hatte Katharina die Gnade einer dritten Schau Mariens. Die Gottesmutter wiederholte präzise den Auftrag vom 27. November.

Es dauerte knapp zwei Jahre, bis die ersten Medaillen in Umlauf kamen und ihren Siegeszug um die Welt antraten.

Die Wunder und Wunderheilungen, die auf solche Medaillen zurückgehen, sind ohne Zahl. Allein schon das Tragen des ovalen Kleinodes verhindert unendlich viel Leid, sodass die Verdienste der Medaille nicht gezählt werden können.

Die Echtheit der Marienerscheinung, wie sie der jungen Vinzentinerin zuteil geworden ist und damit der wundersamen Entstehung dieser Medaille zugrunde liegt, wurde von der Kirche aufs Sorgfältigste geprüft – mit positivem Ausgang. Übrigens hatte Schwester Katharina den grandiosen Auftritt Mariens, mitten in ihr frommes Leben hinein, mit großer Diskretion behandelt und nur ihrer Ordensoberen davon berichtet. Zu Lebzeiten von Schwester Katharina hat niemand erfahren, durch wen der Menschheit diese Wundermedaille geschenkt worden ist.

Am 28. Mai 1933 wurde Katharina Labouré selig gesprochen und am 27. Juli 1947 heilig. Eine Eigenschaft der Schwester wird in den Prozessakten besonders hervorgehoben: ihre Demut.

DIE JUNGFRAU MARIA ERRETTET EINEN KREUZFAHRER

Die folgende Geschichte eines jungen Deutsch-
herrenritters, der während eines Kreuzzuges
wunderbare Rettung durch die Jungfrau Maria
fand, ist aus einem alten Buch des Kirchen-
archivs überliefert.

Das Sternbild der Jungfrau war ein beliebtes
Motiv und Sinnbild auf dem Schild der Kreuz-
ritter, Zeichen der Marienminne des hohen
Mittelalters.

Und so begab es sich also, dass ein junger Ritter des Deutschen Ordens, sein Name ist leider nicht überliefert, dieses Zeichen, das eben
auch dem Himmel einbeschrieben ist, auf seinem ehernen Schilde trug. Er ritt im Gefolge
des Heerführers eine heftige Attacke gegen die
heilige Stadt. Die Sonne goss mildes Vorabend-
licht über die Szenerie, als die Kreuzritter
von ausschwärmenden Muselmanen eingekes-
selt wurden. Sofort entbrannte eine wütende
Schlacht.

In dem gespenstischen Rot der Sonne wirbelten

gelber Staub und hochgepeitschter Sand vor dem Unheil dräuenden Himmel und den Mauern der Stadt. Das Getrampel unzähliger Hufe ergab ein gespenstisches Klangbild zusammen mit dem Geschrei der Kämpfer, dem Aufeinandertreffen von scharf geschliffenem Stahl und dem unheimlichen Schwirren der Pfeile.

Eine der vielen Reiterschlachten, wobei der umständliche Zweihänder, jenes heute in alten Waffenkammern zu bestaunende Ungetüm einer Hiebwaffe der abendländischen Ritter, auf das wendige Kurzschwert der Sarazenen traf.

Schon in der Waffentechnik und der schweren Panzerung drückte sich die Überheblichkeit der kreuzfahrenden Abendländer aus. Sicher, ein wuchtig geführter Schlag mit dem Bihänder, der sein Ziel fand, führte sofort zu tödlichen Verletzungen. Doch dazu gehörten zumeist Knappen, die den Feind festhielten, so lange, bis der deutsche Edelmann ungehindert zuschlagen konnte.

So ist es nur mehr als verständlich, dass sich im Getümmel die wendigen Krummsäbel als geschickter erwiesen, weil sie förmlich über den Köpfen der Kämpfer pfiffen – so schnell durchschnitten sie die heiße Luft und ebenso schnell Kehlen der Feinde.

Unser junger Ritter, mit dem Tatzenkreuz auf

dem weißen Gewand, darunter aber Rüstung und schweres Kettenhemd, stürzte jäh zu Boden. Eigenartigerweise überlegte er angesichts des sicheren Todes nichts anderes als dies: Sind unsere Hengste wirklich die besseren Tiere im Kampfe? Denn die Sarazenen ritten bevorzugt auf Stuten, da sich die weiblichen Tiere im Gedränge und Lärm des Schlachtgetümmels viel besser zurechtfanden.

Dann schien die Sekunde des Abschieds von dieser Welt gekommen zu sein: Der feindliche Reiter war über ihm, ein seitlich über das schlanke Ross herabgebeugter Körper mit wütendem dunklen Gesicht ...

»Oh, Maria, hilf!«

Plötzlich fiel der Muselmane wie ein Stein aus dem Sattel und lag dann neben dem Kreuzritter. Sein scharf geschliffenes gebogenes Schwert hatte sich in den staubigen Boden gebohrt.

Was war geschehen?

Ein Pfeil aus den eigenen Reihen hatte den Muselmanen von hinten getroffen.

Unfall und Wunder zugleich!

Unser gefallener Reiter blieb liegen, so lange, bis die Schlacht mit einer derben Niederlage für die angreifenden Kreuzritter geendet hatte. Durch Wunder und Fügung hielt ihn der Feind für tot oder schwer verletzt und kümmerte sich nicht um ihn. Dann senkte sich die Nacht über den tragischen Ort. Der Ritter sah das Zeichen der Jungfrau über sich. Und fand sich bald in den eigenen Reihen wieder.

Da lag er in einem Hospitalzelt, hatte jedoch nur Prellungen.

Seine Einstellung zu dem Wahn der Kreuzzugs-Idee hatte sich jedoch grundlegend geändert.

Das Zeichen der Jungfrau auf seinem Schild und ebenso am Himmelszelt war ihm nun mehr als nur Aufforderung, sich nicht über andere Menschen, Ideen und Religionen zu erheben. In ihm keimte das, was man heute Toleranz nennt.

Maria, die Gottesmutter, vermag mehr in menschliche Köpfe zu setzen, als ihr sogar die fanatischsten Anhänger zutrauen!

Das Mittelalter war eine hohe Zeit der Marienverehrung, hochherrliche Zeit des Vertrauens in jene, die Jesus das Leben schenkte, aber auch Zeit wilden Fanatismus. Kann Maria, die wahrhaft Liebende, zur Tötung Andersgläubiger aufrufen oder herhalten? Wohl kaum.

Das Signum der Jungfrau wurde oft als Chiffre der Macht missbraucht, es ist jedoch letztlich ein deutliches Zeichen der Liebe und des Weiblichen.

Dieses so typische und leicht zu identifizie-
rende Bild der Jungfrau am Himmel trug auf
den Schilden der Kreuzritter oft das Motto:
»Coelestas temperat iras«, »Sie mildert die gött-
lichen Gerichte!«

Die schützende Marien-
medaille

In den grausamen Wirren des Zweiten Welt-
kriegs ereignete sich eines der unzähligen Wunder, das von einer magischen Medaille gespendet
wurde und bis in unsere Tage hinein gespendet wird: Karl Kopfmiller war damals ein junger
Familienvater, der von der geistigen und men-
talen Einstellung her das dachte und auch vor-
lebte, was man heute einen Pazifisten nennt. Er
war nicht in der Lage, einer Fliege was zuleide zu
tun.
Doch im Zweiten Weltkrieg half das gar nichts.
Er fand sich auf dem Schlachtfeld wieder, an der
Ostfront.
Da blieb Karl, der seine Familie über alles liebte,
keine Wahl, als sich so zu verhalten, wie sich die
anderen deutschen Soldaten ebenfalls verhalten
mussten und wie seine Befehlshaber es verlang-
ten, ob dies nun seiner persönlichen Einstellung
entsprach oder nicht.
Irgendwann, in einer Sturm- und Angriffssitua-
tion, verließ er mitsamt den Kameraden den

Unterstand und lief, so schnell er konnte, über dies entsetzliche Schlachtfeld. Als Karl mit schweren Stiefeln auf die feindlichen Reihen zurannte, hörte er das eigenartig grauenhafte Orgeln der Granaten, spürte die Wucht mörderischer Einschläge, sah die Erde um sich herum aufspritzen.

Dann wurde er von einer feindlichen Kugel getroffen und augenblicklich niedergestreckt. Den Kameraden um ihn herum entfuhr ein Entsetzensschrei.

»Den hat's erwischt!«, schrie Paul, der schräg hinter ihm war, im Weiterrennen.

»O Gott«, keuchte Hans.

In dem Moment bewegte sich Karl jedoch wieder und kroch zielstrebig in den Unterstand zurück. Er glaubte selbst nicht recht, dass er lebte, stellte allerdings verdutzt, fast erheitert fest, dass dies so sein musste. Er zog den Waffenrock aus und registrierte staunend, dass kein Blut daran war.

Aber ein Loch! Als er die Brieftasche untersuchte, kullerte die Gewehrkugel, die ihn getroffen und rückwärts niedergeschleudert hatte, erst auf seine Knie, dann fiel sie auf den Boden.

Nun untersuchte er die Brieftasche genauer. Sie war durchbohrt, ebenso wie der Waffenrock, bis auf ein Familienfoto, das die kleine Tochter

Sigrid zeigte. Auf dem zerdrückten chamoise-farbenen Foto war genau zu erkennen, dass dies fröhliche blonde Mädchen eine silbrige Medaille um den Hals trug.

Karl wusste ganz genau, dass es sich um die »wundertätige Medaille« handelte. Genau an der Stelle des Fotos, da die Medaille als kleiner heller Fleck am Hals des Mädchens aufschien, befand sich ein Kratzer: die Gewehrkugel … Auf der Medaille ist die Gottesmutter abgebildet, die mit geöffneten Händen Gnaden verschenkt. Diese Gnadengaben, gleichsam mentale Himmelsgeschenke, die überströmend aus den Händen der Madonna zu fließen scheinen, werden durch Strahlen versinnbildlicht.

Maria, die Gottesmutter, hatte mit ihrer geistigen Macht die Kugel aufgefangen und dem Vater der kleinen Sigrid das Leben gerettet.

Nichts ist unmöglich für den, der glaubt. Man darf die wundertätige Medaille zu Recht als kostbares Gnadengeschenk der Gottesmutter betrachten. Dabei sind die Wunderwerke und Gnaden, die das kleine Silberplättchen im Laufe der Jahrzehnte bewirkt hat, ganz verschieden: Bekehrungen des menschlichen Herzens, Abfall vom Bösen, verbürgter Schutz vor Dämonen, Heilungen böser und »unheilbarer«

Krankheiten, Hilfe in Not, Rettung in Lebens-
gefahr, Finden des geliebten Lebenspartners
oder Kitten einer zerbrochenen, aber wertvollen
und wiederherstellungswürdigen Beziehung!
Die Gottesmutter ist ein unglaublicher und selten in ihrer ungeheuren Größe erkannter göttlicher (!) Heilungs-, Segnungs-, und Rettungsga-
rant: für den Körper, vor allem aber auch für den
Geist und für die Seele.

Rubinrote Blutstropfen

Es war ein Tag im April 1975, kurz nach Ostern. Die Amerikanerin Anne Poore blickte aus dem Fenster in Boothwyn, Pennsylvania. Wohlig wärmende Strahlen einer milden Frühlingssonne fielen durch die Glasscheiben in den einfachen Raum, eine karge Stube, in der sich nur ein Stuhl befand – und eine Marienstatue aus Gips.

Genau sechsundsechzig Zentimeter hoch war jene Madonna, so groß wie ein Kind. Sie hatte keinerlei kunstgeschichtlichen Wert, wirkte jedoch auch nicht kitschig. Das hellblaue Kopftuch floss harmonisch nach unten und ging in ein cremefarbenes Gewand über.

Dieser Madonna war das »gewisse Etwas« eingeschrieben, die Statue besaß Magie: Sie blickte unverwandt auf alle Betrachter und – keiner konnte sagen, wie – verfolgte Anwesende im Raum mit ihren Blicken.

Anne Poore hielt dem Blick stand.

»Ich muss mit dir reden«, sagte sie dann.

Die Marienstatue blickte ihr fest in die Augen.

»Gottesmutter«, begann Anne erneut, »vor einem Jahr hat ein Freund dich mir geschenkt, Heinz Müller aus Frankfurt in Deutschland. Was für eine glückliche Fügung! Warum hat er es getan? Warum lässt er nichts mehr von sich hören? Nach allem, was war …?«

Während dieser Worte begab Anne sich in die eine Ecke des Zimmers. Die Blicke der gipsernen Madonna folgten ihr unverwandt.

»Nur du kannst mir noch helfen! Du weißt, wie es Heinz geht in diesen Stunden … ich konnte nicht bei ihm bleiben nach allem, was geschehen ist … mein Leben will ich Gott weihen, du weißt es, nur ihm! Gib mir ein Zeichen!«

Die Madonna schaute geradeaus auf Anne. Die fromme Beterin erwiderte den Blick.

Doch dann glaubte Anne, ihr Herz stünde still. Das Blut gefror ihr fast in den Adern, um dann umso erhitzter durch den Körper zu schießen.

Das kann nicht wahr sein, schoss es ihr durch den Kopf. Wiewohl stark gläubig und mystisch veranlagt, war ihr das, was sie deutlich vor sich sah, jetzt bei weitem zu viel.

»Madonna! Maria! Gott! Wie ist so etwas möglich?«

Auf den Handflächen der Statue hatten sich zwei rubinrote Tropfen gebildet. Und da die Handflächen segnend-beschützend nach vorn gerichtet waren und mit den Fingerspitzen schräg nach unten zeigten, flossen die tiefroten Tropfen über die Handfläche der Statue, blieben an den mittleren Fingern beider Hände hängen, so wie satte Tropfen des Morgentaus an nachtschweren Blättern, bis ein jeder der Blutstropfen zu schwer ward, sich löste und wie eine rubinrot schimmernde Perle zu Boden fiel.

Und dort bildete sich unübersehbar je ein kleiner Blutfleck.

Anne starrte auf das Wunder, sah dann wieder der Madonna in die Augen. Und sie gewahrte etwas in diesem Blick. Ein liebendes Lächeln und auch sehr viel Traurigkeit, die von tiefem Wissen um alle Dinge herrührte.

Eine Woche später erfuhr Anne, dass der Freund Heinz, von dem die Statue stammte, in dieser Stunde ums Leben gekommen war.

Das Phänomen der »blutenden Madonna« gibt es auf der ganzen Welt.

»In unserer Zeit hat Gott unübersehbare Zeichen gesetzt, wie sie bis dahin nicht in Erscheinung getreten sind. Da sind in erster Linie die vielen Marienerscheinungen seit etwa hundertfünfzig Jahren zu nennen, vor allem jene in Lourdes und Fatima, jene Erscheinungen, die sich voll entfalten durften. Lourdes kann über

anderthalbhundert Wunderheilungen und an-
derthalbtausend außerordentliche Heilungen
vorweisen, Fatima und ebenso Heroldsbach
das Sonnenwunder, eine bisher unbekannte
und wissenschaftlich unerklärliche Naturer-
scheinung. All das, die Wunderheilungen und
das Sonnenwunder, sind unwiderlegliche Fak-
ten.
Die ungläubige Welt muss sich damit begnügen,
sie zu ignorieren«, schrieb Pater Frumentius.
Doch ist es kaum mehr möglich, die Vielzahl
der Marienwunder zu ignorieren.

DER LEBENSRETTENDE
ROSENKRANZ

8. Juni 1975. Die Waggons des Zuges, der mit siebzig Stundenkilometern durch die herrliche oberbayerische Landschaft zwischen den Orten Schaftlach und Warngau gleitet, sind angefüllt mit fröhlichen Menschen, die der untergehenden Sonne und einem lichtseligen Tagesausklang entgegenfahren.

Da schob in dem eher gemütlichen als hochmodernen Zugabteil ein dicker Schaffner die Tür zur Seite und sagte in volltonigem Bass: »Die Fahrkarten bitte!«

Nichts Außergewöhnliches. Alexander Kranitzky, ein junger Mann von dreiundzwanzig Jahren, sah hoch, eben war er noch mit seinem Kreuzworträtsel beschäftigt gewesen, in der rechten Hand hielt er einen Kugelschreiber mit buntem Werbeaufdruck, nun fiel ihm die Frau auf, die direkt gegenübersaß: Sie geriet angesichts des Kontrolleurs in Panik.

»Ich hab sie doch irgendwo … meine Fahrkarte … wo steckt sie denn?«, jammerte die Frau immerzu und kramte dabei mit fiebrigen Bewegungen alles Mögliche aus ihrer breiten Handtasche, was sich ein fantasievoller Geist nur ausdenken kann.

Schließlich kam ein Rosenkranz hervor. Da die Suchende vor Aufregung zitterte, fiel dieser Rosenkranz zu Boden.

Er bestand aus bläulich weiß glänzenden Perlen, die eine feine Kette ergaben. Das Kreuz war aus dunklem Ebenholz, es bildete einen harmonischen Gegenpol zu den von feinem Silberfiligran liebevoll gefertigten Kugeln für die Vaterunser.

Der junge Mann hob das religiöse Kleinod auf und wollte fast etwas Spöttisches von sich geben. Als er dann den Rosenkranz jedoch in der Hand hielt, entfiel ihm die herablassende Bemerkung, die er eben noch auf der Zunge hatte.

Dafür bemerkte er die kleine Madonna, die an der Kette hing.

»Eine Maria«, sagte er. Der Faszination dieser eigenartigen Devotionalie konnte er sich nicht erwehren.

»Die bringt Glück«, entgegnete die chaotische Frau ihm gegenüber und setzte die Suche nach der Fahrkarte fort.

»Glück?«

»Ja, Glück!«

Alexander hielt die kleine Madonna samt dem Rosenkranz in den Händen, setzte sich schnell neben die aufgeregte Frau, teils um mehr Licht zu haben, teils um die Frau ein bisschen zu beruhigen.

Dann passiert das Unglück. Durch einen Kapitalfehler im Stellwerk prallt der Zug in voller Fahrt auf den entgegenkommenden Zug.

Das bösartige und widerliche Krachen, verbunden mit einem plötzlichen Schlag, hat jeder der Überlebenden heute noch tief im Gedächtnis.

Dann Knirschen, Splittern, Bersten. Sogar Blechwände reißen auseinander.

Kurze Zeit später folgen entsetzliche Schreie schwer verletzter Überlebender.

Alles hat sich ineinander verkeilt, wurde zermahlen, zerrieben, zerstückelt.

Alexander sitzt inmitten des Infernos, die Rückenlehne wie einen Schutzschild hinter ihm, die kleine Madonna in seinen Händen …

Er spürt einen stechenden, quälenden Schmerz in der Brust, spürt die Wärme des Blutes, das aus der klaffenden Kopfwunde schießt. Noch gar nicht wissend, dass er zu den Überlebenden gehört, halten seine Finger den Rosenkranz mit der kleinen Madonna umkrampft.

Neununddreißig Menschen um ihm herum sind tot.

Als es ihm nach einem Krankenhausaufent-
halt wieder besser geht und seine Gehirner-
schütterung geheilt ist, erkundigt er sich nach
der Frau mit dem Rosenkranz. Auch sie hat
überlebt und liegt in einer Münchner Klinik.
Dort besucht er sie dann und gibt ihr den Rosenkranz zurück.
Sie sieht die kleine Madonna: »Die bringt
Glück!«

*Glück! Wer sich mit den Marienwundern be-
fasst und weltweit Erscheinungen und Vor-
kommnisse, die mit irgendeiner Form von
Maria, sei es als Figur, Bild, Heiligenbild oder
auch nur Gedanke oder Gebet zusammenhän-
gen, vergleicht, der darf ruhig das Wort »Glück«
in den Mund nehmen.*
*Glück bedeutet dann jedoch wesentlich mehr
als nur glücklicher Zufall.*
*Die Gottesmutter hat nämlich, wenn sie ernst
genommen und mit der Tiefe des Herzens als
beschützende Mutterfigur anerkannt wird, tatsächlich einen Glück spendenden, beschützenden Mantel, den sie liebevoll über ihre Schütz-
linge breitet.*
*Denn der wahre, alles erschaffende und auch
heilende Gott wirkt oftmals durch Mittler-
personen, die ihm heilsgeschichtlich besonders*

nahe stehen. Wer sollte sich da mehr eignen als diese wunderbare, demütige Frau, die vom Heiligen Geist empfangen hat, die sich niemals gegen Gott auflehnte und der auch der Schmerz des Erlösertodes nicht erspart blieb?

Wer regelmäßig zu Maria betet, der ist oftmals ein Glückskind.

Eine königliche
Erscheinung

Es war zur Zeit Karls des Großen. Im Rosental,
in der Gegend des heutigen Oberlausitz, führte
der Kaiser Krieg gegen die Sachsen.

Damals schon soll ein bestimmter Teil des
Landstrichs als heilig gegolten haben. Bei dem
faszinierenden Phänomen eines heiligen Ortes
oder Kultplatzes handelt es sich stets um eine
seit alters bekannte spürbare Erdschwingung,
wie sie an Schnittstellen des die Erde umspan-
nenden Kraft-Gitternetzes erfahrbar wird.

An solch erhabenen Plätzen geschieht immer
schon Unerklärliches und deshalb waren diese
magische Orte oder Erdfelder den Eingeweih-
ten, Sehern oder Feinfühligen aller Zeiten bekannt.

Man muss wissen: Letztlich passiert alles, also
auch die Historie, ortsgebunden. Herrschende
aller Zeiten wissen ganz genau um die Wichtigkeit von Orten und Plätzen und sie richten sich
danach. Dies real praktizierte Wissen reicht von
bewusst gewählten Schlachtfeldern der Vergan-

genheit bis zu modernen Bank- und Versiche-
rungspalästen.

Einer der Feldherren Karls des Großen hatte also
an einem dieser besonderen Plätze sein Lager
aufschlagen lassen. Längst war es Abend geworden, die Sterne begannen, sich von dem klaren
dunkelblauen Himmel als helle Punkte abzu-
zeichnen. Tag und Nacht vermählten sich zu
dieser geheimnisvollen Stunde, aber trotz der
schon untergegangenen Sonne ließen sich noch
Einzelheiten im Gelände erkennen.

Plötzlich erschien da eine Frau!

Zunächst hatte Martinus mit seinen scharfen
Augen, denen kaum etwas entging, an eine Kur-
tisane gedacht, eine Händlerin vielleicht, die Ge-
liebte irgendeines Soldaten, die sich ins Lager
schleichen wollte …

Doch das war ganz und gar unmöglich. Die
Dame bewegte sich vollkommen anders als ein
Mädchen, das zur Lustbarkeit der Soldaten hier-
her kommen wollte, sie schritt hochherrlich aufrecht, in sich selbst gekehrt und über die Welt
erhaben, aber in keiner Weise stolz oder arro-
gant – sie schien zu schweben und das Beobach-
ten ihrer Erscheinung schenkte dem Feldherrn in
ganz eigenartiger Weise Zuversicht und Freude.
Auch ihre Gewandung war prächtig: Sie musste
eine Königin oder zumindest eine Fürstin sein.

Jedenfalls hätte der Mann nie gewagt, sie anzu-
rufen, dennoch war er sich sicher, dass die im
Halblicht Wandelnde seine Gegenwart wahr-
nahm – einmal auch schien es ihm, als habe sie
ihm den edlen Kopf mit dem wallenden Schleier
zugewandt.

Sie schritt ihres Weges, jeden Abend sah der freu-
dig-erstaunte Befehlshaber sie gehen.

Doch er behielt dies Gesehene für sich und hatte dabei das Gefühl, einen geistigen Schatz mit
sich zu tragen.

Indes, er war mit seiner Beobachtung nicht
allein. Da es sich bei der herrlichen Frau um
eine reale Marienerscheinung handelte, gab es
auch andere Menschen, die dieses Wunder
erleben durften. Die erfuhren gar noch mehr
Herz und Seele Aufrüttelndes als nur jenes
sichtbare Zeichen einer schönen und himmlischen Frau.

Ein Edelmann namens Luzian ritt eines Abends
zur Jagd aus, er sah in der Ferne das Lager, hörte
Stimmen von ferne, dachte noch bei sich, dass
diese Idylle wohl bald gewaltigem Kriegslärm
würde weichen müssen … Da sah er sie!

Wunderbar, wunderschön, über alles erhaben.
Kein Zweifel: die Gottesmutter. Was wollte sie?
Woher kam sie? Wo wollte sie hin? Er gab sei-
nem Pferd, einem edlen Apfelschimmel, die Spo-

ren und ritt genau dorthin, wo er die majestätische Erscheinung gesehen hatte.

Hier, der abgebrochene Baum! Genau da war es. Doch da stand keine Madonna.

Doch da! Nun erschien sie in einer kleinen Lichtung abseits am Waldrand. Er sprengte hin, so schnell es ging ... Und wieder befand sich die Gottesmutter ein Stück weiter.

Schon hatte er das Pferd gewendet und hielt darauf zu. Und Maria stand wieder abseits, diesmal im schützenden Dunkel des Wäldchens.

Er spielte das Spiel mit und geriet dabei an einen sonderbar anheimelnden Ort inmitten des Mischwaldes. Plötzlich sah er die Madonna umgeben von einem wunderbaren Lichtflor. Er sah ganz genau, dass sie mit dem Stamm einer Linde förmlich zu verschmelzen schien. Sie löste sich einfach auf, genau dort, wo der Baum wurzelte. Vielleicht war es ihm vergönnt, sie nun endlich aus der Nähe zu sehen ...

Er ritt hin, diesmal vorsichtiger und mit heiligem Respekt. Der ganze Lindenbaum strahlte in sich selbst. Luzian stieg ab.

Im Stamm des Baumes befand sich eine kleine Höhlung, in der eine wunderschöne kleine Statue der Muttergottes stand.

Luzian war so erfüllt von Dankbarkeit, dass er an der Stelle eine Holzkapelle errichten ließ. Er hatte die Botschaft, dass er das Besondere der gesehenen Erscheinung an diesem heiligen Orte weitergeben sollte, erkannt. Einige Jahrhunderte später, 1248, ließen sich hier im Rosental Zisterzienser nieder, um fürderhin der Wallfahrt zu dienen.

»Heilige Ehrfurcht hütet die durch Marias Leben geheiligten Orte«, schrieb der Benediktiner Pater Frumentius in seinen Aufzeichnungen. Orte sind heilig, wenn dort eine Erscheinung der Maria stattfand, wie eben hier im Rosental. Interessant ist in dieser Geschichte auch die wunderbare Sprache der Symbole: Schleier, Baum, Höhle – alles Sinnbilder des Lebens und Wachsens, des Weiblichen schlechthin. Maria ist Frau und Lebensspenderin!

EINE ZELLE NUR FÜR MARIA

Es geschah im Jahre 1156. Der Abt des Klosters St. Lambrecht, das 1066 von Benediktinern gegründet worden war, schickte den Mönch Magnus zu den Bergleuten des Abbaugebietes im nördlichen Teil der Steiermark. In heiliger Mission.

Bei der Gründung des Klosters hatten sicherlich auch die Salz- und Eisenbergwerke der Umgegend eine nicht unbedeutende Rolle gespielt: Arbeiter bauten das Salz ab, Mönche beteten für die Arbeiter. Ora et labora. Wer lebt besser?

Der beauftragte Mönch Magnus war bestimmt froh um diese Order, die für ihn eher schon eine kleine Reise war. Er wusste jedoch auch um all die Gefahren, die dort im Tal der Salza, aber auch anderswo in jenen Tagen auf ihn warteten. So nahm er, sicher ist sicher, eine von ihm selbst geschnitzte Marienfigur mit auf den Weg.

Unweit von jenem besonderen Terrain, wo heute die magische Klosteranlage von Mariazell zu finden ist, versperrte ihm ein übergroßer Felsaufbau den Weg. Da war kein Durchkommen, auch nicht mit Mut und gutem Willen.

Magnus stieg gedankenschwer vom Pferd und tat das, was wir bei einem Klosterbruder vermuten dürfen. Er betete. Vielleicht wusste er um die Macht des zielgerichteten Wortes an Gott. Vielleicht betete er auch nur aus Gewohnheit.

Wir wissen es nicht.

Dann geschah jedoch etwas Wundervolles: Der Felsen teilte sich wie weiland das Rote Meer in der überwältigenden Schilderung des Alten Testaments. Magnus traute seinen Augen kaum. Das war ein Ächzen, Knirschen, Schürfen und Abbrechen von Geröll ... Der Mönch musste sich schier Hals über Kopf in Sicherheit bringen, damit kein herabstürzender Felsen ihn traf!

»Gott will es so«, dachte er dann gelassen, blickte fachmännisch auf den geborstenen steinernen Riesen, der nun eine bequeme Schlucht zum Passieren für ihn freigab. Dann stieg er wieder aufs Pferd, tätschelte dem etwas irritierten Tier den Hals und ritt mitten durch das Naturschauspiel hindurch. Das Tal, das er nun erreichte, war so schön, dass er sich im gelobten Land wähnte. Er dachte an Moses und an Gott, der zu dem großen Volksführer gesagt hatte: »Zieh deine Schuhe aus, der Boden auf dem du stehst, ist heiliger Bezirk!«

Schnell kam der fromme Mönch, der nicht unbedingt zum Träumen neigte, wieder auf den Boden der Tatsachen zurück. »Nun gut, nicht jeder ist Moses«, sagte er laut und das Pferd schien still zu nicken.

Irgendwo an einem Baumstumpf stellte er seine kleine handgeschnitzte Madonna ab, kniete sich hin, stand dann jedoch bald wieder auf, um, Gottes Größe und Geschick anerkennend, eine Erinnerungsklause zu bauen.

Eine Zelle nur für Maria. Mariazell. Hätte er wissen können, dass er damit einem bis heute weltberühmten Ort der Heilung, einem Ort der Kraft und Magie den Namen gegeben hatte?

Seit diesem Moment des Wunders, da der Felsen sich teilte, und seit dem Bau der allererersten Gnadenkapelle durch den dankbaren Mönch ist der Ort weltberühmt für Folgewunder, für lichte Engelserscheinungen, Spontanheilungen, aber auch für ungeahnte Erdkräfte, die hier spürbar sind.

Große Gestalten der Geschichte erlebten hier wahrhaft Außergewöhnliches; Mariazell wurde gar zum Nationalheiligtum der Ungarn, eine Quelle oberhalb der Kirche trug und trägt durch ihre Heilkräfte zur Magie des Ortes bei.

Am 13. September 1983 besuchte Papst Johannes Paul II. den heiligen Ort.

Der bedingungslose Glaube des Mönches Magnus und seine tiefe Dankbarkeit, aus der heraus er sich entschloss, eine Zelle nur für Maria zu errichten, haben seitdem vielen Menschen Heilsames beschert. Sein Handeln aus dem 12. Jahrhundert wirkt bis in unsere Tage und darüber hinaus.

Wer einen heiligen Ort ehrfurchtsvoll besucht, erspürt, betritt, der ehrt auch die Eltern, die Ahnen, die gesamte spirituelle Tradition eines Volkes.

Wir sollten Maria auch für all jene ehren, die ihrer nicht gedenken und sie nicht verehren wollen oder können.

In obiger Geschichte hat der bedingungslose Glaube eines Mönches »Berge versetzt« und Wege frei gemacht. Wege zu einem Kraftort, zu einer heilenden Stätte, an der uraltes Wissen wie ein Schatz im Geiste vergraben lag. Der Wunderweg war frei hin zu einem magischen und zugleich heiligen Ort, einer Mysterienstätte, an dem letztlich Gottvater wirkt.

Der Glaube öffnet den Weg. Und Marienverehrung führt zum Glauben.

Die Prophezeiungen der Himmelskönigin

Die anmutige Lichtgestalt
von La Salette

Was für ein strahlend heller, sonnendurchfluteter Morgen! Es ist der 19. September 1846, der Vortag des Festes der sieben Schmerzen Mariens. La Salette ist ein kleines Bergdorf im Südosten Frankreichs, das zur Diözese Grenoble gehört. Hier sind auch die beiden Hirtenkinder Maximin Giraud und Melanie Calvat geboren, die in dem lebensbejahenden Licht des Morgens ihre Herden antreiben: Immer im Zickzack hinauf, über den Rücken des Plateaus auf die Weideplätze der Gemeindealpe.
Auf halber Höhe sehen sie den Bauern Peter Selme, der bereits fleißig am Arbeiten ist und eine Wiese mäht. Diese Tätigkeit wird ihn noch den gesamten Vormittag beschäftigen.
Die Kinder grüßen höflich und steigen mit den Kühen weiter bergan. Sie tun geflissentlich alles, was zum Geschäft des Hütens gehört. Doch auch für Spielen und Unfugmachen bleibt noch genügend Zeit.
Die Hitze wird jedoch so unerträglich, dass das

Verweilen in der prallen Sonne unangenehm wird. Die Kinder treiben deshalb ihre Kühe auf die andere Seite des Bergkegels und lassen die durstigen Tiere am Viehbrunnen der Sezia-Mulde ausgiebig trinken.

Einmal hier angekommen, ist die Gelegenheit günstig für eine mitgebrachte kleine Mahlzeit! Maximin und Melanie sinken mit erleichtertem Seufzen und Lachen am linken Ufer der Sezia ins dürre Gras nieder, gleich neben dem Trinkbrunnen der Hirten. Hier in freier Natur schmeckt nach all dem Steigen und Herumtollen ihr einfaches Mahl vorzüglich: Schwarzbrot und Ziegenkäse stecken in leinernen Hirtentaschen. Andere Kinder kommen hinzu, plappern eine Weile und ziehen dann jedoch weiter.

Maxim und Melanie bleiben allein an diesem seligen Fleck Erde zurück.

Plötzlich überkommt sie eine unverhoffte Müdigkeit. Die Sonne brennt ringsum auf sonnenverdörrte Hügel, erhitzte Luft flimmert, verwandelt alles, was zur umgebenden Wirklichkeit gehört, in züngelnde Flammen, lässt Berge und Wiesen zu Wellen zerschmelzen und lässt den Augenblick unwirklich erscheinen.

Die beiden Kinder machen es sich im Schatten des Hügels bequem und ganz gegen ihre sonstige Gewohnheit fallen sie in einen tiefen Schlaf.

Zirpende Zikaden singen den schweren Schlummer dieser Kinder in eine Tiefe, die an Ohnmacht oder Entrückung grenzt; eineinhalb Stunden später wacht Melanie verschreckt auf.

»Um Gottes willen! Die Kühe!«

Maxim brummt nur etwas Unverständliches. Zu tief schläft er noch.

»Maxim! Unsere Tiere!«

Dann wird auch er langsam wach. »Was?«

»Alle Kühe sind weg!«

Nun ist auch der Hüterbub hellwach. Beide rennen, was die jungen Beine hergeben, die Anhöhe hoch. Und, gottlob, die Tier sind alle noch da. Melanie seufzt, zu groß ist die Erleichterung. In diesen Moment der Entspannung hinein durchfährt sie ein noch größerer Schreck: Sie erblickt einen ungewöhnlich hellen Schein, den sie noch niemals hier gesehen hat!

»Maxim! Schau!«

Und tatsächlich: Über dem Stein, auf dem sie gerade noch geschlafen haben, schwebt eine fantastische Feuerkugel.

»Viel heller und schöner als die Sonne!«, werden die Kinder später sagen und ihr Leben lang bestätigen.

Doch die seltsame Helligkeit hat etwas Lebendiges, sie scheint zu wachsen, je größer sie wird, desto heller wird sie.

Die Kinder stehen starr vor Staunen.

Nun wird dieser hell wabernde Lichtschein auf zauberhafte Weise durchsichtig, formt sich immer wieder um, bis sich die Umrisse einer Gestalt abzeichnen. Zunächst nur Hände, die ein Gesicht bergen, dann erblicken die beiden kleinen Zuschauer eine wundersame Frau, die sich da inmitten von fließendem Licht manifestiert.

Es ist eine Dame von herrlich schöner Gestalt und Anmut, die vornübergebeugt sitzend verweilt; sie scheint sehr traurig zu sein, hat das Gesicht in die Hände gelegt, scheint zu weinen oder große Sorgen zu haben!

Dann erweitert sich der Lichtkreis nach oben, wie zu einem fantastischen Kronenring, der über der vornehmen, von viel Leid niedergedrückten Frau lodert. Sie hebt jetzt den Kopf und wendet ihr überwirklich schönes Gesicht den Kindern zu: Trotz ihrer nicht zu übersehenden Sorgen flutet Liebe und Güte aus den Augen.

Die Kinder stehen mit offenen Mündern, regungslos, die eigenen Augen weit aufgerissen. Beide sehen sie übereinstimmend, was sich da vor ihnen realisiert hat!

Und dann spricht dieses bezaubernde, feenhafte weibliche Wesen zu ihnen! Ihre Stimme schwingt im Klange wundersamer Musik. Sie fixiert die Kinder unverwandt mit ihrem Blick aus Liebe und Sorge. Die Hände verbirgt sie in den weiten Ärmeln ihres Gewandes.

Sie sagt: »Kinder, fürchtet euch nicht, kommt näher. Ich bin hier, um euch eine wichtige Botschaft mitzuteilen.«

Nun ist aller Schrecken aus Maxim und Melanie gewichen, die herrliche, liebende Frau hat ihr vollkommenes Vertrauen gewonnen. Die beiden rennen den Abhang hinab auf die schöne Lichtgestalt zu. Und auch die wunderbare Erscheinung ihrerseits schwebt ihnen entgegen. Bis sie sich direkt gegenüberstehen.

Jene Licht-Madonna schwebt grenzenlos schön vor den Auserwählten. Eine leuchtende Schönheit blitzt aus ihrem gesamten Sein, Anmut, die von innen heraus kommt und sofort Kinderherzen öffnet: »La belle Dame!«, werden sie sie fortan nennen, die schöne Frau.

Die Kinder können sich nicht satt sehen an ihrem Sonnengewand, in dem zahllose Sterne strahlen und funkeln.

Das feine Gesicht wird gekrönt von einer Rosenkrone, wobei inmitten einer jeder dieser Rosen gleißend ein Lichtdiamant blitzt.

Immer noch weint die schöne Madonna, die Tränen fallen jedoch nur bis zur halben Höhe herab, dort, in der Nähe eines Brustkreuzes lösen sie sich auf zu schillernden, glitzernden Lichtperlen …

Die Muttergottes redet dann lange, ernst und intensiv auf die Kinder ein, der Kern ihrer Botschaft wird seitdem als letzte und endgültige Aufforderung zur radikalen Umkehr gedeutet: Sie mahnt mit eindringlichen Bildern zur Umkehr der immer mehr und mehr selbstgefälliger werdenden, sich geistig-moralisch zerfleddernden Menschenwelt und fordert vehement eine Abkehr von der irrwitzigen Ichsucht, deren Ausmaß wir heute, über hundert Jahre danach, erst so richtig spüren.

»Wenn mein Volk sich nicht unterwerfen will, bin ich gezwungen, den Arm meines Sohnes fallen zu lassen. Er ist so schwer und so drückend, dass ich ihn nicht länger zurückhalten kann.«

Die Kinder verstehen das Gesagte, obwohl Maria teilweise in Französisch spricht, teilweise in der Mundart des Tales, aus dem Maximin und Melanie stammen.

Nach vielen geheimnisvollen, dunklen und symbolschweren weiteren Aussagen, verabschiedet Maria sich: »Teilt dies meinem ganzen Volke mit!«

Mit ebendiesen Worten schreitet sie an den Kindern vorbei, überquert den kleinen Fluss Sezia und schwebt davon. Sie erreicht den Sattel des

Berges und schaut die Kinder fest an. Die spüren ihren Blick, worauf die herrliche Madonna in sich selbst hinein, hinein in das Licht, das sie gebar, zu zerfließen scheint.

Dann ist die Erscheinung vorüber.

Die Tatsache, dass Marienerscheinungen im religiösen kirchlichen Leben der Neuzeit eine enorme Rolle spielen, steht auch innerhalb der Kirche selbst vollkommen außer Zweifel.

Eine offizielle Schrift über La Salette, herausgegeben von dem aus diesen Ereignissen entstandenen Orden, weist deshalb ausdrücklich auf die Seriosität der Erscheinungen hin. Hier wird zudem auch gesagt, dass die Kirche in der Beurteilung außerirdischer oder paranormaler Phänomene sehr streng und gewissenhaft sei.

La Salette ist, wie die meisten anderen großen Marienerscheinungen, neben dem bildhaft-materiellen Wunder (der Vision) immer auch geprägt von weit tragender Prophetie: Hinter der wuchtigen und zeitlosen Sprache von Symbolen (»der Arm meines Sohnes wird immer schwerer«) verbirgt sich eine tiefere Wirklichkeit und Schau der Dinge.

Da die Gottesmutter in einer ganz anderen Zeitdimension steht, der Ewigkeit nämlich, und von

da aus unsere irdisch-materielle Welt sieht
(auch das, was wir Zukunft nennen), ist sie zu
so weit reichenden Aussagen fähig.
Die Gottesmutter spricht in unsere Zeit und
Sprachebene hinein, sie löst die Zeit für jene, die
hinhören wollen, damit auf.

DER AUFRUF ZUM FRIEDEN IN MEDJUGORJE

Dreißig Kilometer von Mostar, das durch den Krieg im ehemaligen Jugoslawien traurige Berühmtheit erlangte, liegt der Ort Medjugorje. Weshalb die Gottesmutter sich gerade diesen Ort ausgesucht hat, wird durch ihre Botschaft deutlich, die sie dort verkünden sollte. In Medjugorje findet sich der Podbrdo, ein unwegsamer, steiniger und dorniger Hügel.

Es ist der 24. Juni 1981. Wie so oft, wenn sich Bedeutendes ereignen wird, scheint die Sonne.

Die fünfzehnjährige Ivanca Ivancovic, die sechzehnjährige Mirjana Dragicevic, die siebzehnjährige Vicka Ivankovic und der sechzehnjährige Ivan Dragicevic, die eben noch Schafe gehütet haben, sehen plötzlich eine gewaltige Erscheinung am Himmel.

Für alle erkennbar schwebt eine wunderschöne, leuchtende Frau über dem Boden.

Sie hält ein Kind auf dem Arm: Es ist Jesus Christus, der Mensch gewordene Gottessohn und spätere Erlöser.

Die sechs Jugendlichen schreien sich an: Jeder will vom anderen wissen, ob das alles wahr sein kann!

Es ist wahr!

Und nicht nur das: Die Botschaft enthüllt eine Wahrheit, an der die Menschheit seitdem nicht mehr vorbeikommt, denn sie ist ein mehr als dringlicher Aufruf zum Frieden.

Deshalb ist es auch nicht verwunderlich, dass das Medjugorje-Ereignis gerade die gläubige Christenheit spaltet – heute, einige Jahre nach dem bedeutenden Ereignis, mehr denn je. Es entstand eine erbitterte Medjugorje-Gegnerschaft, die alles für Humbug hält, was mit diesem Vorkommnis zu tun hat, und alle damit Beteiligten mit den bittersten Vorwürfen belegt.

Doch nun zurück zu der Erscheinung, der sicherlich einschneidendsten Marienbegegnung in den letzten zwanzig Jahren: Die jungen Leute sind von der leuchtenden Marienfigur am Himmel überwältigt. Sie laufen nach Hause, so schnell sie nur können. Als sie aufgeregt berichten, was sie gesehen haben, glaubt ihnen jedoch keiner.

Da sie sich jedoch sicher sind über das, was sie gesehen haben, wächst ihre Aufregung. Sie wollen, dass man ihnen glaubt.

»Es ist wahr! Es ist wahr ...«, betonen die aufgeregten Seher immer wieder.

So senkt die Nacht sich über den bedeutungsvollen Erscheinungstag, der die gläubige Christenheit in nicht unbedeutendem Maße verändert.

Am nächsten Morgen gehen alle zusammen wieder zu dem Berg mit dem Dornengestrüpp. Man nimmt nun Verstärkung mit: die sechzehnjährige Marija Pavlovic und den zehnjährigen Jakov Colo. Dazu eine Frau aus der Nachbarschaft.

Und ausgerechnet sie ist es, die an diesem neuen Tag die Madonna als Erste erblickt.

»Lauft hin, sie gibt euch ein Zeichen mit der Hand!«

Die Jugendlichen rennen los, mitten durch das Dornengestrüpp, und keiner verletzt sich dabei.

Es ist für die Jugendlichen wie ein Schweben durch alle Grenzen von Raum, Zeit und Materie hindurch.

Auch am darauf folgenden dritten Tage ist die Madonna wieder da. Diesmal weint sie. Unter Tränen beginnt sie mit ihrer Botschaft, die von da an regelmäßig eine gläubige Menschheit erreichen wird: »Frieden, Frieden, Frieden; zwischen Gott und Mensch soll wieder Friede herrschen!«

Im Folgenden verspricht die Erscheinung den

Jugendlichen zehn Geheimnisse und mahnt eindringlich zu Umkehr, Gebet, Opfer, Fasten, Beichte, Rosenkranzbeten.

Kern der Botschaften von Maria ist: So kann es niemals weitergehen. Es ist höchste Zeit, Gott zu suchen und zu finden, nur das wird der Weg sein ... zurück zu Gott und zu dem, was sein Wille ist.

Heute gehört Medjugorje zu den großen spirituellen Zentren der Welt. Die Gottesmutter gibt dort jeden Donnerstag Botschaften an die Menschheit. Die Worte Marias sind in kleinen Faltblättern nachzulesen, wie man sie auch bei uns oft in Wallfahrtskirchen findet. Diese Verbreitung ist, zugegebenermaßen, eine etwas umstrittene Sache. Doch man soll vielleicht nicht so sehr über die Echtheit dieser Schriften nachdenken als über die Tatsache der Erscheinungen selbst: Denn die heftigen Reaktionen der Seherkinder sind ganz gewiss nicht ohne Grund entstanden und in diesem Übermaß ausgelöst worden.

Viele Wunderheilungen wurden seither in Medjugorje bezeugt und bewiesen. Die Legenden, Gerüchte, Beweise, Mutmaßungen, Gegnerschaften bilden eine nicht enden wollende und sich selbst stets neu gebärende Lawine aus Glaube, Aberglaube, Ablehnung, Fanatismus – und echter Mystik.

Es soll sogar auf vielen Fotografien, die einfach aufs Geratewohl in den Himmel hinein gemacht wurden, die Gottesmutter zu sehen sein. Selbst von einem Sonnenwunder wird berichtet und das Zementkreuz auf dem Erscheinungsberg begann rot zu glühen.

Der Pilgerstrom wächst täglich und bringt sicherlich auch viel Geld. Berühmt sind die vielen Beichten, die dort, im Angesicht der Gottesbegegnungen, abgenommen werden. Man nennt Medjugorje deshalb inzwischen den größten Beichtstuhl der Welt.

Maria warnt die Menschheit und zeigt ihr einen Weg zurück zu einem Leben mit Gott, das durch ein friedliches Miteinander geprägt ist.
In Medjugorje wird die Gottesmutter Gospa genannt. Ihr Aufruf zum Frieden wurde nicht gehört, denn gerade dort, wo sie erschienen ist, haben die Menschen sich aufs Grausamste bekämpft. Maria zeigt Wege, doch gehen müssen die Menschen sie selbst.

Die Himmelskönigin
von Garabandal

Wir schreiben Donnerstag, den 18. Juni des
Jahres 1961. Im Kantabrischen Gebirge, neunzig
Kilometer südwestlich der nordspanischen Bi-
schofsstadt Santander, liegt das kleine Dorf
Garabandal.

La Calleja heißt ein Hohlweg hinauf zu Los
Piños im so genannten Cuadro, was Geviert
bedeutet. Eine typisch nordspanische Landschaft:
Steine und dicklaubige Gewächse säumen den
Hohlweg, Licht und weit geschwungene Hö-
henrücken entführen die Sinne. Wie so oft, wenn
die Himmelskönigin sich zu einem massiven
Eingreifen entschließt, sind auch hier Kinder
ihre Ansprechpartner. Kinder im Alter kurz vor
der Pubertät sind offen wie sonst selten mehr
im Leben für alles, was sich ereignet – sei es auf
der erklärbaren Ebene oder der nicht erklärbaren.
Sie kennzeichnet ein staunendes Offensein, für
das die Welt der Erwachsenen oft nur wenig Verständnis zeigt.

Im Fall von Garabandal sollte der Erwachsenen-

welt jedoch das Staunen nicht mehr vergehen –
und das bis zum heutigen Tag.

Vier Mädchen schreiten an besagtem Tag den
Hohlweg hinan; die leicht geschwungene Stei-
gung mit sanfter Linksbiegung bringt sie optisch
geradezu in den Himmel hinein. Plötzlich sehen
sie vor sich ein gleißendes, pulsierendes Licht!
Träumen sie oder sind sie wach?

Vor ihnen steht die Gottesmutter, so schön und
herrlich wie ein wahrer Traum. Das Diadem auf
ihrem Kopf funkelt von überirdischer Klarheit
wie der Sternenhimmel. Und nicht nur das: Der
Erzengel Michael ist bei Maria. Nicht als hoch-
herrlicher Engel steht er jedoch neben der strahlenden Madonna, nicht so, wie man ihn mit
dem Flammenschwert oder der tödlichen Lanze
kennt, die Schlange zu töten, sondern als ein
Knabe von neun Jahren. Beide, Maria und Michael, verhalten sich den Kindern gegenüber äußerst entgegenkommend und aufgeschlossen.

Die vier Mädchen Conchita Gonzalés (12), Maria Cruz Gonzalés (11), Jacinta Gonzáles (12)
und schließlich Maria Dolores Mazón (12) sind
nicht miteinander verwandt, nur gut befreundet.
Sie alle sehen dieselben überwältigenden Bilder
und können diese sich später gegenseitig bestätigen.

Eines der Mädchen aus der Gruppe fragt die lächelnde Himmelskönigin keck, aber dennoch ehrfürchtig, ob sie denn für einen Moment das gleißende Sternendiadem haben könne? Noch überraschender als die Frage ist die Reaktion der Gottesmutter: Sie nimmt das unbezahlbar schöne Schmuckstück ab, das von seiner Leuchtkraft her von keinem Diamantschleifer und Goldschmied dieser Welt und Dimensionsebene stammen kann, und überreicht es mit einem Lächeln dem freudig überraschten Mädchen. Die Kleine allerdings, so wird berichtet, verbrennt sich dann an den funkelnden Sternen die zarten Finger.

Himmlisches und überirdisches Feuer! Die Finger des Mädchens heilten jedoch so schnell, wie sie sich verbrannt hatten.

Überhaupt gibt sich die Madonna von Garabandal, neben dem tiefen Ernst ihrer Aussagen, Prophezeiungen und Botschaften, den Kindern gegenüber sehr mütterlich und humorvoll.

Als die Marienerscheinungen, die sich mehrmals wiederholten, bekannt wurden – das ging schnell – und als die Kinder während einer Singmesse inmitten der nahezu fanatisierten Gläubigen lauthals loslachten, da stellte man sie hinterher streng zur Rede: »Wie könnt ihr lachen an diesem Ort, wo euch die heilige Gottesmutter erschienen ist!«

»Sie ist uns soeben wieder erschienen«, lautete die ehrliche und unbefangene Antwort. Und dann: »Wir mussten gemeinsam über das unglaublich falsche Singen und die eigenartigen Gesichter der Wallfahrer lachen!«

Nun folgten im Laufe der Tage und Monate viele Botschaften, die wie alle großen Marienworte die Menschheit zur Demut aufrufen und zu innigem Beten. Denn das Strafgericht Gottes sei nahe ...

Und Maria hat in allem, was sie sagte, bislang Recht behalten.

So hatten die Kinder am 20. Juni des Jahres 1962 die lebhafte Vision eines Strafgerichtes: »In einem gegebenen Augenblick wird kein Motor, keine Maschine mehr funktionieren.«

Diese in überraschender Weise technisch fundierte Aussage ist eine der wichtigsten und nachvollziehbaren – auch für die Zweifler: Denn die Wahrscheinlichkeit, dass unsere EDV-Scheinwelt durch einen globalen Computercrash, der elektronisch leicht herbeiführbar ist, zusammenbricht, dass also »keine Maschine mehr funktioniert«, weil alles inzwischen von eingebauten Chips abhängig ist, das ist vielleicht näher, als wir denken.

Am 18. Juni 1961 hieß die letzte Botschaft durch den Erzengel Michael: »Bisher füllte sich der

Becher, nun läuft er über. Die Bischöfe, Kardinäle und Priester gehen in großer Zahl den Weg des Verderbens und reißen noch viel mehr Seelen mit auf diesem Weg. Ihr sollt euch ernsthaft bemühen, dem Zorn Gottes über euch zu entgehen.«

Wenn man bedenkt, dass ein Jahr später das 2. Vatikanische Konzil begann (1962–1965), ein Konzil, das letztlich die bis dahin bestehende Mystik und Faszination von Kirche, Ritus, Liturgie und Kirchensprache zum Einsturz brachte, ist dies eine sensationelle Aussage!

Bei diesen Aussagen wundert es jedoch nicht, dass sowohl Kirche wie auch der sehr auf materialistisches Denken beschränkte Zeitgeist die Botschaften anzweifelten und mit restriktiven Maßnahmen reagierten. Man zwang die Seher-Kinder sogar zu widerrufen.

»Was wir dir sagen, kann nicht vom Bösen kommen. Das Böse kann nicht die Liebe und die Rettung wollen, nicht die Einladung zu Gebet und Buße«, so Maria am 13. Juli 1976 in Italien. Teilweise ist die Skepsis der Kirche schon verständlich. Denn die Geschichte der Mystik zeigt, dass sich Dämonen hinter der Gestalt von Christus oder seiner Mutter verbergen können, um die Menschheit zu täuschen. (Vgl. Karl Leo-

pold von Lichtenfels: Lexikon der Prophezeiungen, Kap. II. 1., München 2000.)
Doch zur Einschätzung sind Marias eigene Worte ein hilfreiches Kriterium: Werden und wollen
Dämonen zu Umkehr, Gebet und Einsicht aufrufen?

DIE MYSTIKERIN
ANNA KATHARINA EMMERICK

Göttliche Botschaften an begnadete Seher oder
Seherinnen, an auserwählte und spirituell hoch-
begabte Menschen, die von Gott unmittelbar be-
lehrt werden oder göttliche Szenarien im Geiste
schauen dürfen, nennt man Privatoffenbarungen.

Solche Offenbarungen wurden der Mystikerin
Anna Katharina Emmerick zuteil, deren seherische Begabung durchaus schon gnostische Dimensionen hatte. Wir verdanken ihr die Beant-
wortung von Fragen, die jeder Marienfreund
stellen muss: Wann und wie ist die Gottesmutter gestorben? Unter welchen Umständen
ist Maria in den Himmel gekommen? Wann
hat die Begnadete ihre irdische Pilgerreise beschlossen!

Die Heilige Schrift gibt nur da genaue Auskunft,
wo es um die näheren Umstände des Todes und
Begräbnisses, um Einzelheiten der Auferstehung
und der Himmelfahrt Christi geht. Dem auf-
merksamen Leser der Heiligen Schrift wird indes

auffallen, dass es vom Tod Mariens überhaupt keine Augenzeugenberichte gibt.

Anna Katharina Emmerick lebte von 1774 bis 1824. Man nannte und nennt sie die Seherin von Dülmen. Entscheidende Jahre ihres Lebens verbrachte sie zwischen 1802 und 1812 als gottgeweihte Jungfrau im Augustinerkloster Agnetberg bei Dülmen. Typisch für ihre Art religiöser Begabung und ihre einmalige Weise religiösen Erlebens war, dass sie in innerer Schau biblische Szenen erkennen konnte. Etwa die Steinigung des Stephanus durch einen seiner eigenen Brüder.

Die bekannteste und im Leben der Kirche wohl meistbeachtete Vision war und ist die innere Schau des Lebens Mariä nach der Kreuzigung ihres Sohnes: Anna Katharina sah die letzten Lebensjahre der Gottesmutter, sah die heilige Frau wohnen, leben und sterben. Und sie sah auch die Himmelfahrt der Christusgebärerin. – Beachtenswert dabei ist, dass jener Ort in der heutigen Türkei, etwa sechs Kilometer von Ephesus entfernt, ganz genauso aussieht, wie er von Anna Katharina beschrieben worden ist – ohne dass die Seherin selbst dort gewesen wäre! Folgen wir ihrer Schau und halten uns dabei an eine Textvorlage, die kein Geringerer als Clemens Brentano vorgegeben hat. Denn der berühmte Dichter der deutschen Romantik zeichnete das, was Anna Katharina von dem Geschauten später erzählt hat, auf.

Bis zu ihrem 28. Lebensjahr führte Anna-Katharina das harte Leben einer dienenden Magd. Dazu legte sie sich außergewöhnliche Bußübungen auf: Etwa ging sie, mitten in der Nacht und auch noch barfuß, den zwölf (!) Kilometer langen Coesfelder Kreuzweg …

Am 13. August 1822 sagte Anna Katharina morgens: »Ich hatte heute Nacht eine große Anschauung von dem Tode der Heiligen Jungfrau (…). Sie ist vierundsechzig Jahre weniger dreiundzwanzig Tage alt geworden.«

Maria wohnte, dieser Vision nach, nicht in Ephesus, sondern in unmittelbarer Umgebung – eben genau da, wo heute noch an einem sehr stark wirkenden magischen Ort die Kapelle zu besichtigen ist.

Das wuchtig gebaute und trotzdem liebliche kleine Gotteshaus mit den typischen Rundelementen, aus hellen Steinquadern errichtet, mit zwei Seitenflügeln, die ein wahrhaft magisch strahlendes Terrassen-Plateau umfangen, all dies sah die Seherin genau so, wie die gesamte Anlage bis jetzt dasteht: ein wohltuender, hochenergetischer und vor allem ein heilender Platz auf dieser Erdkugel!

Am 7. August 1821 wurde von Anna Katharina dann mitgeteilt: Marias letzte Lebenstage seien angebrochen: Mit fünf anderen Frauen hatte sie sich demnach auf den nahen Kreuzweg begeben und dabei selbst eine Apostelschau.

Über den Tod der Madonna sagte Anna Katharina nach den Worten des Dichters Clemens Brentano:

»Maria ruht still, wie todesnah, in ihrer Zelle ... (diese ist im Innern der Kapelle heute noch zu betrachten), die Decke in ihrer Zelle öffnet sich ... es zeigt sich nun das himmlische Jerusalem.

Überirdisch liebevoll und bergend strahlt ein kosmisches Licht.«

Die Seele schwebt »wie eine Lichtgestalt« aus dem Körper.

Und weiter: »Sie hatte die Augen mit heiliger Freude gen Himmel gerichtet ... Es senkten sich zwei Flächen von Glanz wie Lichtwolken herab ... zwischen diesen Wolken goss sich eine Lichtbahn zu Maria nieder!«

Noch vieles hat die Seherin erkannt und gesagt. Etwa, dass der himmlischen Jungfrau viele erlöste Seelen in den Himmel folgen durften. Doch am beeindruckendsten bleibt ihr Bild von der Seele »wie eine Lichtgestalt«.

Vieles, was Heiligkeit, Heil, Gottesnähe und Gnade bedeutet, hängt mit Lichterscheinungen zusammen!

Zugegeben, dieser Text von den letzten Tagen und vom in geistiger Schau erkannten Tod Mariens ist weniger »beweisbar« als viele andere Marienerscheinungen, doch ist das Bild der Mystikerin Emmerick nicht selbst schon ein Wunder? Wir alle haben irgendwann im Leben solche oder ähnliche Visionen, tun sie jedoch ab als Traum, als Einbildung, wenn nicht gar Spinnerei. Vieles ist jedoch direkt von Gott an uns mitgeteilt. Wir müssen nur den Blick schulen und schärfen.

»Fenster in eine verborgene Welt«, nannte Pater Frumentius diese innere Schau. Und an anderer Stelle seines Archives sagt er: »Es ist doch so, dass Gott zur Durchführung eines Werkes einen Menschen erwählt.«

Wie sehr passen auf die innere Marienschau der Mystikerin, auf deren Gedankenreise in die Nähe von Ephesus in Kleinasien und auf alle darauf bauenden Überlegungen und Spekulationen die Worte des Apostels Paulus in seinem Brief an die Epheser:

»Alles, was aufgedeckt ist, wird vom Licht erleuchtet. Alles Erleuchtete aber ist Licht. Deshalb heißt es:

Wach auf, du Schläfer,
und steh auf von den Toten,
und Christus wird dein Licht sein.«

Eph. 5, 13–14

Panaya Kapulu: Das kleine Marienheiligtum
in den Bergen bei Ephesus trägt heute die halb
griechische, halb türkische Benennung, die be-
sagt: »Haus (eigentlich Tor, Teil fürs Ganze) der
Allheiligen« – gibt es Zufälle, auch im Sprach-
lichen?

Die Madonnenerscheinung von Lourdes

Es geschah genau zu jenem Zeitpunkt, da Gott es geschehen lassen wollte. In einen Wald bei Lourdes am Fuße der Pyrenäen, ziemlich nahe an der französischen Grenze, hatte die vierzehnjährige Bernadette Soubirous sich mit ihren jüngeren Geschwistern zum Holzsammeln begeben. Es war damals der 11. Februar 1858.

Die Kinder klaubten brauchbares Holz auf und taten das mit Freude und Hingabe. Wenngleich das harte Leben zu solch lebenserhaltender Tätigkeit für die Familie zwingen mochte, blieben alle dennoch unverzagt, man schwatzte, kicherte und war guter Dinge. Von dem Verkaufserlös sollte dann Brot angeschafft werden.

Bernadette hatte sich etwas weiter als die Übrigen in den Wald vorgewagt. Sie stand am Ufer des Flüsschens Gave, raffte den Rock und begann, mit nackten Füßen im knöcheltiefen Wasser zu waten. Wohlig spürte sie die kühlen nassen Kiesel unter den Sohlen, hörte das Gurgeln des Wassers ...

Da! Sollte sie ihren Sinnen trauen?

Über ihr schwoll der friedliche Grundton der Natur zu einem wilden und dröhnenden Brausen, der Klang erst raunender, dann pfeifender Luft erhob sich zum bahnbrechenden Crescendo eines kosmischen Finale Furioso: Wie kurz vor einem schweren Gewitter, wenn die Lüfte sämtlicher Himmel sich gegen die winzige Kreatur auf Erden zu verschwören scheinen!

Hui! Wie der Wind über sie hinwegfegte. Als wolle er sie in eine bestimmte Richtung stoßen …

Das Mädchen fiel angesichts dieser Erscheinungen eher in abgrundtiefes Staunen denn in Angst, unwillkürlich sah sie dann zu der nahen Grotte hinüber, der so genannten Grotte von Massabielle nämlich … Aber … Konnte das alles wahr sein! Wachte oder träumte sie?

Da bewegte sich, ganz offensichtlich, ein Rosenstrauch. Allerdings in anderer Art und Weise, wie der Wind ihn hin und her gebogen hätte.

Und dann stand leibhaftig die herrlichste Madonnengestalt vor ihr: bildschön, fraulich, voller Liebe, mit überirdisch schönen und dazu tiefblauen Augen.

Nur … diese Gestalt war echt. Kein Traum, keine Vision. Bernadette blinzelte mehrmals mit den Augen, um zu testen, ob das Geschaute Wirklichkeit sei!

Auffallend war, dass die Jungfrau Maria nicht älter zu sein schien als Bernadette selbst. Sie trug einen langen, weißen Kopfschleier und gelbe Rosen an den Füßen.

Bernadette starrte auf den Rosenkranz in den gefalteten Händen des göttlichen Mädchens, denn diese magisch-mystisch in unwirklichem Licht schimmernden Gottesperlen wirkten wie ein himmelskräftiger Magnet auf die Augen des hypnotisiert dastehenden Menschenkindes.

Die wunderschöne Maria indes fing auch noch an zu sprechen: »Bernadette, komm, bete den Rosenkranz mit mir!«

»Ich …«

»Ja, du. Jetzt. Bitte.«

Bernadette gehorchte. Die Madonna sprach vor und Bernadette stammelte die Worte nach. Genau mit Beendigung des Gebetes war die wunderbare Dame in Weiß verschwunden.

Bernadette stand da und konnte selbst kaum glauben, was sie erlebt hatte. Sie rannte nach Hause, erzählte, sprudelte aus sich heraus. Doch sie erntete Misstrauen, böse Worte, Schläge.

Drei Tage später.

Nach den wundersamen Erzählungen war ihre Mutter doch skeptisch geworden und wollte den Ort selbst testen. Vielleicht würde Weihwasser dabei helfen … Als sie mit ihrer Tochter Bernadette bei der Stelle ankam, wo Maria ihr erschienen war, fiel diese erneut in eine Verzückung, eine religiöse Ekstase ohnegleichen. Maria erschien ihr erneut und verbeugte sich gar vor dem Weihwasser! Man brachte Bernadette daraufhin zu einem Müller in dessen Mühle – eine Art Sicherheitsverwahrung!

Am 18. Februar 1858 kam Bernadette dann zum dritten Mal zu dem magischen Ort. Da ihre Mutter annahm, es könne sich bei der Vision der wunderschönen Frau um eine vagabundierende arme Seele handeln, war sie als Begleitung wieder mitgekommen. Nun wollte man tunlich aufschreiben, was Maria zu sagen hatte. Bernadette hatte Papier und Feder dabei. Es gab eine Überraschung: »Sie brauchen nicht aufzuschreiben, was ich sagen will ...«, sagte die Gottesmutter dann.

Dann überschlugen sich die Ereignisse. Bernadettes Erlebnisse hatten sich in Windeseile herumgesprochen. Wissenschaftler, Geistige, Geistliche, Vergeistigte ... vor allem Volk: Menschenmassen eilten zu dem Ort. Suchende, Kranke, Hoffende, Verzweifelte, Neugierige, alle.

Maria erschien mehrfach, gab Geheimnisse preis – allerdings nur an das Mädchen. Kern der Botschaften, die sie Bernadette mitteilte, blieb immerzu: »Buße! Buße! Buße!«

Bei der neunten Erscheinung, am 25. September, regte die Madonna dann das Mädchen mit Nachdruck dazu an:

»Trinken Sie aus der Quelle, waschen Sie sich darin, essen Sie von den Kräutern, die dort wachsen ...«

Wieder gehorchte Bernadette. Sie kniete nieder, schöpfte mit beiden Händen das Himmelswasser, grub mit den Händen in der rötlichen Erde ... Und viele Menschen taten es ihr nach und es geschahen und geschehen die unglaublichsten Wunderheilungen. Lourdes-Wasser heilt. Ohne die Hinweise der Gottesmutter hätten viele nicht von ihrem Leid erlöst werden können.

Aus dem ehedem trüben Wässerchen der kleinen Quelle ist ein sprudelnder Quell geworden, aus dem sich täglich 122 000 Liter in den Fluss Gave ergießen. Die Strahlung ist immens, sodass ein Fläschchen Lourdes-Wasser neben dem Bett durchaus für unruhigen Schlaf und heftige religiöse Träume sorgen kann. Zudem fluoresziert dies Wasser im Dunkeln: Eine mit Lourdes-Wasser gefüllte, durchsichtige Madonnenfigur leuchtet in der Nacht.

1982 besuchte mit Johannes Paul II. zum ersten Mal ein Papst die nunmehr weltberühmte französische Kleinstadt an den nördlichen Ausläu-

fern der Pyrenäen, rund einhundertsechzig Kilometer südlich von Toulouse.

Lourdes und alles, was damit in Verbindung steht, sollte die Mariologie positiv unterstützen. Mariologie ist in der katholischen Theologie das Nachdenken und wissenschaftliche Darlegen der Rolle der Gottesmutter für den Glauben. Dabei sind mehrere Deutungen möglich: von demütiger Hingabe bis zur Befreiung des Menschen durch die Frau.

Maria ist alles. Das lebendige Symbol der Lourdes-Quelle gibt lebendig-sprudelnd Zeugnis. Was sollte das Wasser des Lebens anderes symbolisieren als das Leben selbst.

DIE PROPHEZEIUNGEN
DER MARIE-JULIE

Der Ort Blain liegt in der Bretagne, in Frankreich. Dort wurde im Jahre 1850 die kleine Marie-Julie Jahennay geboren. Das fröhliche Mädchen genoss das typische Leben einer bretonischen Familie – gut, es gab in ihrer Umgebung keinen Überfluss, doch alles, was man zum Leben brauchte, war zur Genüge da.

Marie soll eine rechtschaffen fromme Kindheit und Jugend verbracht und schon früh, als junges Mädchen, den Entschluss gefasst haben, Nonne zu werden.

Nichts konnte oder sollte sie davon abbringen, nichts!

Das Einzige, was dem entgegenstand, war, dass Marie-Julie von Anfang an eine äußerst schwächliche Konstitution besaß. Sie war so schmächtig, dass ihr der Eintritt ins Kloster zunächst unmöglich gemacht wurde. Doch waren ihr Glaube und ihr Wille, dazu ihr unumstößlich festgesetztes Lebensziel so stark, dass sie alles daransetzte, den Lebenstraum zu verwirklichen.

Und so gelang es ihr, als Nonne ordiniert zu werden.

Als Marie-Julie dreiundzwanzig Jahre alt war, erkrankte sie und lag schließlich mit schwerem Leiden darnieder.

Niemand konnte ihr helfen.

In diesen dunklen Stunden ihres Lebens geschah etwas Unglaubliches: Die Gottesmutter zeigte sich der Todkranken und ihr Anliegen war mehr als schockierend für Marie-Julie.

»Marie-Julie, empfange die Wundmale des Herrn – und werde Sühneopfer!«

Die Angesprochene brachte keinen Ton hervor.

Dann aber nahm sie an, was die Höhere Macht von ihr wollte, und empfing die Stigmata, das heißt: die Wundmale des gekreuzigten Jesus Christus.

Sie hat nun die Wunden von der Durchbohrung durch scharfe Nägel an Händen und Füßen und die berühmte Wunde in der Brust, die von dem Lanzenstich herrührt.

Marie-Julies Leiden ist unermesslich. Sie fällt häufig in tiefe Ekstase, tritt also ganz aus sich selbst heraus. Visionen greifen förmlich nach ihr, erschüttern sie und sie empfängt Offenbarungen durch Jesus selbst, aber ebenso durch die Gottesmutter Maria. Heilige treten mit real körperlicher Präsenz in ihr Leben und, das ist wichtig und erschreckend, auch Engel und Dämonen erlangen furchtbare oder herrliche Wirklichkeit in Maries unmittelbarer Umgebung; sie sind wirklich da und packen, quälen, schütteln – beziehungsweise trösten und faszinieren sie. All diese Gespräche mit den Erscheinungen – seien es Engel oder Teufel, sei es Jesus oder dessen Mutter –, alles zeichnen Freunde der Marie genau auf.

Bis heute hat sie in allem, was ihr die visionären Gestalten an Prophezeiungen übergaben, Recht behalten! So hatte sie zum Beispiel die beiden Weltkriege im 20. Jahrhundert vorhergesagt, die ja bitterste Wirklichkeit geworden sind.

Ihre Aussagen, die sich mit unserer Zeit beschäftigen, sind erschreckend: »In einer kalten Winternacht künden Donnergrollen, ein heißer Wind und Hagel das Heraufziehen einer Wolke aus giftigen Gasen und tödlichen Dämpfen an. Drei Tage und zwei Nächte liegt eine furchtbare Finsternis über der Erde, die man nur in den Häusern hinter verschlossenen Fenstern und Türen überleben kann. In der dritten Nacht beruhigt sich der Schrecken, am Morgen kommt die Sonne wieder hervor …«

Ihre Vision endet mit den Worten: »Danach brechen schöne Tage auf der geläuterten Erde an.« Marie-Julie Jahenney starb im Jahre 1941.

94

Unter all den Prophezeiungen, die es im Laufe der Jahrhunderte, ja Jahrtausende gibt und gab, sind wohl die Weissagungen, wie sie die Gottesmutter bei ihrem deutlich vermehrten Auftreten in der zweiten Hälfte des 20. Jahrhunderts gemacht hat, am präzisesten und leider auch am grausigsten.

Man sollte also eine mögliche Apokalypse wie die oben beschriebene, die auf dem Einwirken der Madonna auf Marie fußt, durchaus ernst und wörtlich nehmen. In der Zeit biologischer und chemischer Horrorwaffen scheint ein solches Szenario durchaus denkbar.

Der Text gibt aber auch Hoffnung für diejenigen, die sich demütig und gottesfürchtig verhalten. So endeten die Visionen der Marie-Julie. Leben die Menschen mit Gott verbunden, so »brechen schöne Tage auf der geläuterten Erde an«.

Die Mahnung zur Umkehr
in Tre Fontane

Bruno Cornacciola war bereits seit vielen Jahren aus der katholischen Kirche ausgetreten. Dabei bestand seine Position gegenüber Glaubensangelegenheiten und Inhalten der Verkündigung durchaus nicht in Gleichgültigkeit, vielmehr trieb ihn aktive Abneigung, wenn nicht gar Abscheu vor allem Heiligen, vor der Kirche selbst. Als Junge war er sehr gläubig gewesen, doch hatte er mit dem Erwachsenwerden immer mehr auf seinen Verstand vertraut und alles, was nicht erklärbar war, aus seinem Leben verbannt.

»Ich habe angefangen zu denken«, sagte Bruno stets.

Seit geraumer Zeit war der vierunddreißigjährige Mann Mitglied der kommunistischen Partei.

Wenn Bruno, was oft vorkam, zu viel getrunken hatte, dann holte er meist aus zu seinem Lieblingsthema: der Jungfrau Maria nämlich und der Unbefleckten Empfängnis.

»Engel! Heiliger Geist wird über dich kommen und dich überschatten ... haha!« Er grölte und

trank und je mehr er trank, desto mehr ärgerte
ihn die Heiligkeit Mariens.

Eigenartigerweise wollte er von der Kirche und
am allerwenigsten von der Gottesmutter und
deren Jungfräulichkeit etwas wissen; trotzdem
musste er andauernd zwanghaft davon reden,
über sie spotten, auch wenn keiner so recht zu-
hören wollte.

So kam der 12. April 1947. Tre Fontane ist ein
kleiner Außenbezirk Roms. Dort, inmitten von
Ölbäumen und Pappeln, lebte Bruno mit seiner
Frau Lucia und den zwei Kindern, dem vier-
jährigen Alessandro und der zehnjährigen Tonia. Seine Frau hatte die Kinder christlich erzo-
gen, sie waren fromm und gottesfürchtig, was
den Hausvater umso mehr verärgerte und auch
verbitterte. Alle drei wagten indes nicht, ihren
Glauben offen zu zeigen oder gar zu leben, denn
da konnte Bruno gewalttätig werden.

An diesem bewussten Tag kamen die Kinder
nicht zum Mittagessen. Bruno, der trotz seiner
Trunksucht ein geduldiger und fürsorgender
Vater war, machte sich gleich auf den Weg, die
Kinder zu suchen.

Trotz seines steten Polterns, Nörgelns und Spot-
tens war in ihm ein feiner Kern, den er anderen
nur selten zeigte.

Instinktiv zog es ihn zu einer kleinen, sehr idyllisch gelegenen Grotte, wo er das Mädchen und den Buben schon öfters gefunden hatte.

Alessandro, den Jüngeren, sah er zuerst. Die kleine Tonia befand sich tatsächlich in dieser Grotte, doch der Junge kniete und sah gebannt nach oben, seine Augen hingen an einer realen Erscheinung direkt vor ihm – und das unschuldige Kind deutete immerzu auf eine hell strahlende Mariengestalt, die allerdings nicht nur er allein sah, sondern auch sein Vater.

»Bella Signora!«, rief das begeisterte und zuhöchst erstaunte Kind immer wieder aus. Die zehnjährige Tochter Tonia blickte ebenfalls gespannt in genau die Richtung, die der kleine Bruder wies.

Dorthin starrte nun der ganz und gar fassungslose Vater! Es war unglaublich: Die Madonna selbst!

Das Mädchen sah zunächst nichts, doch urplötzlich überkam Tonia etwas: Sie kniete sich augenblicklich nieder und stammelte etwas von der unerhörten Schönheit der Madonna vor ihr. Der Vater mochte nun glauben oder nicht. Er sah. Mit eigenen Augen. Dieses Erlebnis war so überwältigend, dass er nicht mehr zweifeln musste oder den machtvollen Augenblick als Moment eigener Umnachtung, Illusion oder Manipulation irgendwelcher Art abtun konnte.

Er sah Maria, die Himmelskönigin, und hörte sie sprechen. Er, Bruno!

»Die Menschen sollen mehr beten und Buße tun«, sagte sie ihm. Und vieles mehr. Und die Kinder sahen ihrem Vater zu, wie dieser mit der Himmelskönigin sprach. Später erzählten sie ihm, dass auch er niedergekniet sei, was er zunächst nicht glauben wollte.

Er war so überwältigt von dem Geschehen, dass er einen Teil der Zwiesprache später von den Kindern erzählt bekommen musste.

Irgendwann fragte er die herrliche Frau tatsächlich, warum ausgerechnet er, bei seinem Vorleben, solch grandioser Marienschau und des Empfangens einer heiligenden Botschaft würdig sei?

»Du hast die Gnade der Bekehrung erhalten«, antwortete ihm da die Madonna. »Weil du in deiner Jugend ein gottesfürchtiger Mensch warst, besonders an mich, Maria, geglaubt hast und in deiner Kirche mit Sorgfalt die neun Herz-Jesu-Feiertage eingehalten hast.«

Er schaute sie an. Wie wunderbar und menschlich Maria lächeln konnte – wie ein junges Mädchen, das dem Leben entgegenlacht.

Bruno erhielt auch in der Folgezeit Botschaften verschiedener Art, persönliche Ansprachen der Gottesmutter, die zumeist zur Buße und Umkehr aufriefen. Er änderte seine religiöse Einstellung von Grund auf, wiewohl es ihm, als ausgewiesenem Kommunisten, ziemlich peinlich war. Doch die überwältigende Marienerscheinung siegte und er setzte sich für den Rest seines erfüllten und glücklichen Lebens besonders für die Gottesmutter ein.

Das Jahr 1947 war Nachkriegszeit, Zeit des Umbruchs und der Wende. Die alten Werte wie Glaube, Familie, Heiligkeit der Sakramente wurden in Frage gestellt. Das Erscheinen der Mutter Gottes hat an ihre Wichtigkeit und Zeitlosigkeit erinnert. Marienerscheinungen sind meist auch prophetisch: Kehrt um! Haltet ein!

Im Anfang war das Wort,
Und das Wort war bei Gott,
Und das Wort war Gott.
(...)
Und das Wort ist Fleisch geworden
Und hat unter uns gewohnt.

(Johannes, 1, 1–14)

Der Rosenkranz der Unbefleckten Empfängnis

Es ist der 13. Mai 1940. Bärbel Rueß, ein hübsches Mädchen, geboren am 15. Juni 1924, nun also gerade sechzehn Jahre, geht durch den frühlingssatten Wald bei Pfaffenhofen. Scheu zeigt sich nun schon der Frühsommer, der den Blättern der Laubbäume neben dem lichten Grün des ersten Frühlingserwachens nach langer Winterpause ein satteres, lebenspralles Grün verleiht.

Das gottesfürchtige Mädchen hat sich schon seit zwei Jahren, also seit dem vierzehnten Lebensjahr, der Gottesmutter geweiht und steht seit längerer Zeit der so genannten Schönstatt-Bewegung nahe, bei der das Marienbild als Erziehungsprinzip eine große Rolle spielt.

Der Wald ist freundlich und licht, wie man ihn in dieser Gegend der Hallertau oft finden kann, eine gottselige Schönheit bayerischer Landschaft, die durch sanfte Hügel, Wälder, Lichtungen und vor allem das typische Bild der Hopfenstangen das Auge besticht.

Am Tag zuvor hat Bärbel einen ihr wertvollen Rosenkranz verloren. Sie will deshalb den Weg noch einmal abgehen, um nach ihm zu suchen. Dann wird dieser Rosenkranz allerdings in ganz eigenartiger Weise für sie lebendig.

Urplötzlich steht eine Frau neben Bärbel und geht einfach neben ihr mit. Deren Ausstrahlung ist so freundlich und positiv, das, was sie sagt, bleibt so angenehm und interessant, dass das junge Mädchen keine Angst hat.

»Bärbel ...«

»Ja?«

»Ich will dich einen ganz besonderen Rosenkranz beten lehren!«

»Woher wissen Sie meinen Namen?«, fragt Bärbel zurück.

»Spielt das eine Rolle?«

Bei diesen Worten lacht die wunderbare Frau ein so wissendes, gottseliges Lachen, ganz ohne Hintersinn oder Überheblichkeit, dass die Angesprochene Vertrauen fasst, ein Vertrauen, das niemals enttäuscht werden sollte.

Im folgenden Gespräch erfuhr und erlernte Bärbel den Immaculata-Rosenkranz:

Durch deine Unbefleckte Empfängnis, rette uns!

Durch deine Unbefleckte Empfängnis, schütze uns!

Durch deine Unbefleckte Empfängnis, leite uns!

Durch deine Unbefleckte Empfängnis, heilige uns!

Durch deine Unbefleckte Empfängnis, regiere uns!

Auffallend ist hier der hohe Stellenwert der Unbefleckten Empfängnis. Es bedeutet doch vor allem: Maria hat eine vollkommen reine Seele. Wie könnte sie sonst heilig sein und Wunder wirken?

Die Begegnung mit der Madonna, die ganz wie eine normale Spaziergängerin neben Bärbel schreitet, trägt das junge Mädchen lange im Herzen. Erst viele Jahre später vertraut sie sich Anna Humpf, der Schwester und Haushälterin im Pfarrhof, an.

Bald überstürzten sich die Ereignisse. Die Echtheit der Erscheinung wurden im Ort Pfaffenhofen nie ernsthaft angezweifelt. Und diese gläubige Offenheit bedingte ein Wunder während des Krieges: Denn das Versprechen, zu Ehren Marias eine Kapelle zu bauen, verschonte Pfaffenhofen vor Bombenangriffen, obwohl es für feindliche Bomben sehr lohnende Ziele gegeben hätte.

Bärbel Rueß hatte nicht nur als Mädchen, sondern auch als Erwachsene noch viele Erlebnisse

mit Maria. Deren prophetische und apokalyptische Aussagen für die Menschheit sind allerdings recht beunruhigend, denn es wird vom Kampf ihres (Marias) Zeichens gegen den »verkehrten Lichtträger« gesprochen, von einer gigantischen Entscheidungsschlacht ...
Für den, der Zeichen verstehen will und nicht wegschaut, wie kurioserweise vor allem die Medien dies tun, behält Maria in beängstigender Weise Recht!

Wieder geschieht das Marienwunder an einem Dreizehnten. Im Volksglauben wird damit oft ein Unglück verbunden, doch deutet die Häufigkeit der Marienerscheinungen an ebendiesem Tag darauf hin, dass dies die Zahl der Gottesmutter ist. Ganz im Gegensatz zu Fatima und Lourdes sind die kraftvollen Marienbegegnungen mit deutschen Erdenkindern von der Kirche zumeist recht distanziert behandelt worden.
Maria hat es schwer in Deutschland. Nicht, dass es nicht fantastische Erscheinungen gegeben hätte. Doch die Anerkennung fehlt zumeist.
»Es ist doch so, dass Gott zur Durchführung eines Werkes einen Menschen erwählt. Weist dieser aber Gottes Gnadenangebot ab, dann sucht Gott eben jemand anderen«, schrieb der Bene-

diktinerpater Frumentius in seinen Aufzeichnungen.

Marienerscheinungen sind Privatoffenbarungen
und fordern Beachtung. In ihnen wirkt das
Göttliche und es steht dem Menschen nicht zu,
dieses zu negieren.

Die Erscheinungen
von Marpingen

Am 3. Juni 1876 gingen drei achtjährige Mädchen zum Beerensammeln in den Härtlewald. Der Wald liegt gleich bei Tholey, einem kleinen Ort in der unmittelbaren Nähe von Saarbrücken. Unnötig, zu erwähnen, dass es sich bei diesem besonderen Waldstück, in das sie eintraten, um einen ausgewiesenen magischen Platz handelte. Die drei Mädchen gingen durch das Holz, schwatzten, suchten und waren guter Dinge. Und ganz plötzlich stand die Mutter Gottes in ihrer ganzen Herrlichkeit und Pracht vor den erschrockenen Kindern und vermittelte ihnen Botschaften, die dringlich an eine sündhaft gewordene Menschheit weiterzugeben seien. Kern der Worte Mariens bei der ersten Erscheinung von Marpingen war die Aufforderung zum Beten, dazu der dringliche Appell, das sündhafte Treiben im Alltag einzustellen.

Wer in einem Geschichtsbuch nachschlägt, wird feststellen, dass damals die Zeit des Kulturkampfes unter dem Fürsten Bismarck war. Die

Kirche hatte wenig zu sagen, der Staat setzte sich rigoros durch. Trotzdem war der Pilgerstrom nach Marpingen, der sofort nach dieser Marienerscheinung einsetzte, nicht aufzuhalten. Indes, so wird berichtet, stürmte zehn Tage nach den Erscheinungen, also am 13. Juli, eine Kompanie Soldaten den kleinen Wald und begann, die Pilger auseinander zu treiben. Mit aufgesetztem Bajonett!

Jörg Müller berichtet in seinem Buch »Von Maria zu reden ist gefährlich. Was geschah wirklich in Marpingen?«, dass damals schon zwanzigtausend Pilger, allen Widernissen zum Trotz, den Ort aufsuchten.

Da das kleine Wäldchen von Anfang an als Geheimtipp für Pilger galt, entstand bald eine Kapelle. Nun wuchsen der Ort, der Glaube und der Aberglaube ebenso. Wie oft in solchen Fällen, kam die Sache durch kontroverse Diskussionen erst richtig ins Gerede und gelangte auf diesem Weg ins Bewusstsein der Massen.

1983 betrat ein Bauer die Gnadenkapelle, um ein wenig zu beten. Er war wie erstarrt: Plötzlich sah er die Mutter Gottes vor sich! Der überwältigte Mann sah nicht nur die Himmelskönigin, mächtig, schön und strahlend, er hört auch eine eindeutige Botschaft an die Menschheit. Maria beklagte sich bitterlich, dass die zügellose Bevölkerung ihre bisherigen Botschaften nicht hatte hören wollen und damit den Zweiten Weltkrieg herausgefordert hätte.

Dabei handelte sie in einer für ihre Auftritte typischen Weise: Wieder wagte sie Dinge auszusprechen, die in unserem Jahrhundert leider gar oft als Tabus gelten. Maria redet nämlich das Böse beim Namen an, was so viele ihrer Botschaften wichtig und vielleicht überlebenswichtig macht: Die Mutter Gottes spricht offen und mutig aus, dass es einen Teufel gibt, dass dessen Existenz Realität ist und dass er, Satan nämlich, alles tut, um abgefallene Christen in den Abgrund zu reißen.

»Der Fürst dieser Welt hat euch für Gottes Gebote und Offenbarungen blind gemacht. Euer Leben ist kein christliches mehr, sondern das Leben des neuen Heidentums ...«

Auf die Wichtigkeit solcher Aussagen kann nicht eindeutig genug hingewiesen werden.

Dieses Aufmerksammachen auf das Böse mag auch der Grund sein, dass Marienerscheinungen oftmals nicht anerkannt, bekämpft, belächelt oder verspottet werden: Sie sind unbequem.

Maria erschien ein weiteres Mal in Marpingen, und zwar im Jahre 1997. Nun wählte sie drei junge Frauen aus, Frauen, die sich noch nie vorher gesehen hatten: Marion Guttmann, Christine Ney-Niedercorn und Judith Hieber.

Die Geschichte von Marion Guttmann wollen wir uns näher ansehen. Am 17. Mai 1997 sprach Marion mit ihrer Freundin Petra über den gemeinsamen Urlaub. Dann, urplötzlich und noch während sie redete, spürte Marion einen starken inneren Drang, nach Marpingen zu fahren. Dieses Gefühl in Marions Brust kennt nur derjenige, der schon einmal von einer höheren Macht irgendwohin gerufen worden ist. Man sieht pausenlos das Bild (!) des betreffenden Ortes vor sich und sagt sich: »Ich muss dahin, unbedingt!« Zumeist erst hinterher, wenn dem im wahrsten Wortsinne Be-Troffenen der Sinn und die Fügung eines solchen Rufes klar geworden sind, erinnert er sich wieder, wie stark dies Sehnen gewesen ist.

Gesagt, getan. Der Entschluss der beiden jungen Frauen steht fest. Dann aber geht es Schlag auf Schlag. Marion schreit mit heller, sich überschlagender Stimme: »Da! Was ist das!«

Sie sieht den Erzengel Raffael, schaut Engel, Heilige, sieht auch, was selten ist, arme Seelen.

Und dann das Kreuz!

Tatsächlich steht am Himmel ein leuchtendes Kreuz, dem die beiden nur nachzufahren brauchen. Das Himmelszeichen führt sie geradewegs in den Härtlewald bei Marpingen, hin zur Kapelle.

Wieder hat Maria eine Botschaft, die sie Marion übermittelt: »Ich komme als Mutter für Deutschland.«

Viel gäbe es zu berichten über zahlreiche sich anschließende, allen drei Seherfrauen widerfahrene Erscheinungen in Marpingen: von Visionen, Bildern, Versichtbarmachungen göttlicher Sphären, die alle im Mai, dem Marienmonat, begannen. Jörg Müller hat sämtliche Aussagen und Erlebnisse in dem oben genannten Buch zusammengefasst.

Der Titel »Von Maria zu reden ist gefährlich« macht deutlich, dass sich bei Maria oft die Geister scheiden. Aber ist dies nicht ihr ureigenes Anliegen? »Die Unterscheidung der Geister« sollte das wichtigste geistige Streben eines jeden spirituellen Menschen sein. Und wenn die Himmelsmutter erreicht, dass man das Böse beim Namen nennt, wenn sie es mit ihren Erscheinungen, Wundern, meinetwegen auch nur mit dem Gerede darüber oder den entstehenden Gerüchten und Legenden erreichen mag und die Zeitgenossen nun mit Gebet und Umkehr zu Gott finden, dann hat alles sich gelohnt.

DREI LICHTGESTALTEN
IN IRLAND

Es ist ein regnerischer Abend im Dorf Cnock Mhuire, das in Westirland liegt. Eine einsame Dorfkirche scheint sich unter dem kalten Strichregen geradezu wegzuducken. Vor der grauen Kirche huscht soeben eine kleine Menschengruppe vorbei, die Mantelkrägen steil hochgestellt. Es ist eisig kalt, das Wetter ungemütlich, wie so oft.

Plötzlich halten die Menschen erschreckt inne, denn direkt neben der Dorfkirche sehen alle Mitglieder der regennassen Gruppe ganz deutlich drei Lichtgestalten, strahlend hell wie das Sonnenlicht. Die Figuren verharren so statisch starr, dass die Pfarrhaushälterin sie zunächst für neu angeschaffte Statuen hält.

Nur warum weiß sie nichts davon?

Warum strahlen die Figuren heller als der lichte Tag! Und da! Sie bewegen sich sogar. Es sind keine Plastiken, sondern lebende Wesen.

Bei näherem Hinsehen entpuppt die eine sich ganz deutlich als Jungfrau Maria. Sie ist von so himmlischer Schönheit, wie man sich die Gottesgebärerin nur vorstellen kann.

Absolut schwerelos schwebt diese Wundermadonna über dem Boden. Eine strahlende Krone auf ihrem Haupt lässt Edelsteine wie Himmelskörper funkeln und immer wieder einzeln aufblitzen. Die anderen beiden Lichtgestalten sind der heilige Josef und der heilige Johannes in Gestalt eines predigenden Bischofs mit aufgeschlagenem Buch.

Zwei Stunden lang waren die drei Heiligen an jenem magischen Ort in Westirland zu sehen. Es war der Anfang mehrerer spektakulärer Erscheinungen auf der ganzen Welt, die Maria zusammen mit Josef und Johannes zeigten.

Der weise Benediktiner Pater Frumentius schrieb in seinen Aufzeichnungen: »Apokalyptische Zeichen weist unsere Zeit in den häufig gewordenen Marienerscheinungen auf (...). In der neuesten Zeit sind sie häufiger geworden und sollen nach dem Willen Marias entsprechend den heutigen Kommunikationsmöglichkeiten als globale heilsgeschichtliche Ereignisse erkannt und anerkannt werden.«

Die Gottesmutter hat oft die Rolle der Mittlerin des Willens ihres Sohnes und verkörpert diese Rolle auch in den Erscheinungen.

*Aus der Hochzeit in Kana nach Johannes: »Und
die Mutter Jesu war dabei. Auch Jesus und seine Jünger waren zur Hochzeit eingeladen. Als
der Wein ausging, sagte die Mutter Jesu zu ihm:
›Sie haben keinen Wein mehr.‹ Jesus erwiderte
ihr: ›Was willst du von mir, Frau? Meine Stunde
ist noch nicht gekommen.‹ Seine Mutter sagte
zu den Dienern: ›Was er euch sagt, das tut!‹«
(Johannes 2, 1–5)*

DIE WUNDER VON HEROLDSBACH

Die Wunder von Heroldsbach fangen an im Jahr 1949. Der Krieg ist vorbei, die Menschen atmen auf und beginnen mit dem Wiederaufbau. Es ist eine Zeit, in der das Erreichen von materiellen Gütern im Vordergrund steht und der Glaube tief erschüttert ist.

Wie kann Gott all das Schreckliche, das passiert ist, geschehen lassen? Viele wandten sich vom Glauben ab und kümmerten sich ganz konkret nur um ihr eigenes Wohlergehen und um die Zukunft ihrer Kinder.

Damals hielten sich sieben Mädchen, alle zwischen zehn und elf Jahre alt, etwa an der Stelle auf, an der später eine bescheidene Gnadenkapelle errichtet wurde. Die fröhlichen jungen Dinger dachten an nichts Besonderes, sie schwatzten und genossen ihr Dasein, das sich nun, ohne Kriegsalltag, wieder frei entfalten konnte. Sie sind arglos und vergnügt – und können nicht glauben, was sie da plötzlich am Himmel sehen: eine strahlende Madonna, die Muttergottes von Heroldsbach, wie man sie bald nennen wird.

»Betet, betet, betet!«, sagt sie unter vielem anderen und dieser Aufruf zum Beten scheint ihr zentrales Anliegen zu sein.

Das Marienwunder erlebt jedoch noch Steigerungen: Den sieben Mädchen erscheinen mehr als vierzig Heilige und eine unüberschaubare Anzahl von wunderschönen, manchmal erschreckend hochherrlichen Engeln.

Auch der Schutzengel ist dabei und gibt sich als solcher zu erkennen.

Es wird sogar berichtet, dass die sieben Kinder Maria und auch das Jesuskind, das sie liebevoll auf dem Arm hielt, berühren durften!

Damit nimmt eine Serie von Wundern und eine lawinenartig losbrechende fromme, vielleicht auch fanatisierte Volksbewegung ihren Anfang.

Interessant ist, dass die Aussagen der Gottesmutter in ihrer eindeutigen Warnung durchaus politische Dimensionen haben.

Denn sie ruft auf zur Bekehrung, zur Buße mahnt ohne Umschweife und fordert gar, für die Bekehrung Russlands zu beten.

Damit polarisiert Maria die damalige politische Denklandschaft, denn Russland und das dortige kommunistische System waren der erklärte ideologische Feind des seelenlosen Nur-Kapitalismus, der mit dem deutschen Wirtschaftswunder seinen jähen Aufschwung nahm und die Welt bis heute entscheidend prägt.

Später erscheint die Muttergottes in Heroldsbach Hunderten, ja Tausenden von Gläubigen. Und nicht nur das. Auch ein Sonnenwunder ist bald von einer staunend-erschrockenen Schar zu bewundern: eine gleißend helle, kreiselnde Sonnenscheibe, die alle Anwesenden blendet, aber eben nicht ver-blendet, sondern auf den hellen und ewigen Schein himmlischen Glücks hinweist.

So werden am 2. Februar des Jahres 1950 allein siebzigtausend Menschen in Heroldsbach Zeugen dieses spektakulären Sonnenwunders.

Allein, gerade der Fall Heroldsbach bleibt umstritten – bis heute.

Am 24. Februar 1950 verbot der Erzbischof von Bamberg dem Heroldsbacher Pfarrer gar, den Berg der Erscheinung zu betreten. Später wurde er zwangsversetzt. Die Eltern der Seherkinder exkommuniziert, weil sie nicht widerriefen (damals eine harte Strafe, vor dem Zweiten Vatikanum hatte die katholische Kirche noch viel mehr Eigenautorität und wurde in weiten Bevölkerungskreisen ernst genommen). Auch wird berichtet, ein Priester sei in die Nervenheilanstalt eingewiesen worden. Anderen bekennenden Priestern wurde die Feier des Messopfers untersagt.

Doch all dies nützte wenig. Im Gegenteil. Denn die Zeugen des Sonnenwunders wussten, was sie gesehen hatten.

Heroldsbach setzt, wie kaum eine Marienerscheinung sonst, ein Zeichen, das nicht zuletzt politische Dimensionen hat. Man muss das Phänomen vor dem Hintergrund des damals keimenden Zeitgeists der beginnenden Abwendung vom Glauben und einer blindwütigen Zuwendung hin zu mehr und mehr Materialismus sehen. Durch die Erscheinung brach das Geistige plötzlich mit Wucht in das Materielle ein. Ist es Zufall, dass ausgerechnet die Kirche als Institution sich so sehr sträubte, das Heroldsbacher Wunder anzuerkennen?

»Es ist indes in der Praxis gar nicht leicht, wenn man mit einer undurchsichtigen Situation konfrontiert wird, eine gültige oder gar optimale Entscheidung zu treffen und eine brauchbare Lösung zu finden«, sagte Pater Frumentius. Damit hatte er sicherlich Recht.

Die helfende Gottesmutter

DER REUMÜTIGE
RÄUBERHAUPTMANN

Nahe der neapoletanischen Grenze ging ein reizendes Mädchen mit den Weggefährten aus dem Dorf einen steinigen Weg entlang, einen nur dürftig angelegten Steig, der ins Landesinnere hineinführte: Man wollte entfernte Verwandte besuchen. Das alles geschah im Jahre des Herrn 1640.

Sophia war arm, vollkommen mittellos, jedoch von großer Schönheit. Kein Maler Italiens oder eines der anderen Länder hätte auf der Leinwand das Ebenmaß und die Harmonie ihrer Gesichtszüge übertreffen können. Die vollen kastanienbraunen Haare ergossen sich über anmutige Schultern und glänzten hie und da rot glühend im Sonnenlicht auf. Dazu gesellte sich eine Schönheit von innen heraus, denn wahrer Glaube und Anmut des Geistes spiegelten sich in diesem Gesicht wider. Vor allem der Gottesmutter Maria hatte Sophia sich anempfohlen.

So lebte sie ein reines Leben und wartete demütig auf die Erfüllung eines natürlichen Wunsches nach Liebe, Geborgenheit und Familie.

Die Sonne flimmerte. Auf den kantigen Steinen schien selbst der Staub noch trockener zu werden, als er schon war. Alles, was hier wuchs, hielt sich niedrig und hartlaubig, um ja nicht an dem Überlicht zu verbrennen.

Das Mädchen setzte einen Fuß vor den anderen, träumte, gab sich dem Flimmern der Luft und den wirren Lichtspielen hin, sagte ab und zu einen Satz … Als plötzlich eine Horde von gierigen Räubern und Mördern Sophia und ihre Weggefährten überfiel.

Alles ging so schnell, dass Sophia erst wieder klar denken konnte, als die anderen tot und verstümmelt am Wegesrand lagen.

Aus irgendeinem Grund hatte jedoch keiner der Spießgesellen sie angerührt. Man fasste sie auch im Folgenden mit Samthandschuhen an.

Verschleppt wurde sie dennoch, die Burschen fesselten sie, setzten sie auf eines der Pferde und los ging die Reise.

Sophia empfahl sich der Mutter Gottes und sie betete, das war das Einzige, was sie tun konnte.

Nun führte der Weg weit ins Land hinein, zwischen krumm wachsenden Bäumen hindurch, schließlich einen eigenartigen Ziehweg mit steilen Seitenböschungen immer aufwärts. Kein

Zweifel, die Gegend wurde mit jedem Meter unwirtlicher. Dann hatte die Gruppe das Gebirge erreicht.

Schließlich verließ man den ausgewiesenen Pfad vollends, zwischen staubigen Büschen wussten die Räuber eine Stelle zu finden, die allen anderen Vorbeikommenden vollkommen unsichtbar war – falls hier überhaupt einmal eine Menschenseele vorbeiwollte.

Nun zog sich der Geheimpfad hoch bis zum dunklen Eingang einer Höhle. Schwarz gähnte deren Öffnung.

Vor dieser Höhle stand ein Mann, dunkel und böse mit stechenden, fanatischen Augen und eigenartiger Bewaffnung. Er übersah mit einem Blick die Szene, musterte das Mädchen mit einer Mischung aus Bewunderung, Gier und Beutelust und in seiner Art, die Ankommenden mit Gesten zu kommandieren, wurde Sophia schnell klar, dass dieser Mann hier der unumschränkte Herrscher der Mördergruppe war, dem das übrige Gesindel blind gehorchte.

Mit Entsetzen wurde Sophia nun klar, warum sie bislang keiner der Männer begehrlich angefasst hatte: Sie ward dem Hauptmann gewidmet. Als Beute, als Gabe, Opferlamm, als Objekt seiner Lust und Laune.

Der wandte auch gar nicht lange das Wort an seine Abendbraut, packte sie mit derbem Griff am Handgelenk, schleppte sie in die Höhle, einen langen modernden, spärlich mit Fackeln erleuchteten Gang entlang.

Dann öffnete sich der Tunnel zu einer Art Höhlenzimmer: der Residenz des Räubers. Er warf das leichenblasse Geschöpf auf ein Strohlager, ihre langen Haare ergossen sich auf den gelblichen Untergrund. Voller Begehren hantierte der Mann an seiner Hose und gierte auf Sophia herab.

Dennoch gewahrte Sophia in seinem Blick auch eine Spur von Scheu, die gar nicht zu dem Manne und seinem herrisch-brutalen Gehabe passte. War es die himmelsgleiche Schönheit, die ihn stutzig machte?

»Aus Liebe zu Maria verletze meine Unschuld nicht!«, sagte sie und wusste selbst nicht, woher sie die Kraft für diese Worte nahm.

Wörtlich findet sich im Archiv der Kirche dann der folgende Satz: »Diese Bitte drang wie ein Pfeil in das Herz des Blutmenschen.«

Denn in diesem Moment, bei genau diesem Satz, blinkte in seiner rabenschwarzen Seele ein Lichtlein auf, es war der längst verschüttete Glaube an Maria, an die Unschuld, an das Gute, das seit vielen Jahren durch all sein unheilsames Handeln verschüttet gewesen war.

Er knöpfte die Hose wieder zu, brummelte etwas, das Sophia nicht verstand, dann hob er sie sanft hoch und begleitete sie schließlich zum Ausgang der Höhle.

Mehr noch: Er geleitete sie bis zur sicheren Straße und wies ihr den Weg zurück.

Heil kam sie nach einigen Tagen da wieder an, wo ihre Familie lebte.

Dem Räuberhauptmanne aber erschien die Madonna im Traum und bedankte sich. Kurz darauf wurde er gefangen und verurteilt. Alle wunderten sich über seine Passivität. Es schien, als wäre er froh, gerichtet zu werden. Er gestand alles und bereute so echt, dass er immer wieder in Tränen ausbrach und sich bei den Überlebenden entschuldigen wollte.

Seine Richter waren so erstaunt, dass man ihm das Leben zu schenken gedachte.

Wieder erschien die Madonna im Traum: »Nach deiner Hinrichtung bist du bei mir im Himmel«, sagte sie.

Welches »Leben« wird er wohl gewählt haben?

Die Geschichte endet hier.

Der alte und spannende Text zeigt anschaulich den hohen Stellenwert von ethischer Reinheit als Gegenpol zu Mord und Totschlag und gieri-

ger Sexualität. Der uralte Marienglaube in des Räubers Brust ist noch nicht erloschen und zeigt, dass Menschen sich in jeder Situation ihres Lebens noch dem Guten zuwenden können. Es ist nie zu spät zur Umkehr.

Die Erweckung eines toten Knaben

Für den Bauern, der ein Fuder Hafer nach Hause fuhr, war es schon recht spät geworden: Längst fielen die Schatten lang und der Tag schickte sich an, in einen milden Spätsommerabend überzugehen. Der Mann war trotz der Erschöpfung guter Dinge und er setzte seinen Sohn, teils um diesem eine Freude zu machen, teils aber auch aus Bequemlichkeit, vorn auf das Handross. Florian fand das wunderbar, bis etwas geschah, was in der Chronik wie folgt festgehalten ist: »Das Knäblein fallet vom Pferd und wird dermaßen zerdrückt, dass seines Lebens kein Hoffnung mehr vorhanden ist.«

In einem unbedachten Moment nämlich hatte der Vater, als er sich nach dem Fuhrwerk umsah, die Hand von seinem Sohn genommen. Das Kind fiel, wie eine Puppe nach hinten kippend, vom Pferd und schrie auf in einer Mischung aus ängstlichem Erstaunen und auch kindlicher Freude. Der Sturz allein verlief glimpflich, es wäre nichts weiter passiert … doch da lag das so verletzliche Wesen reglos in der Fuhrrinne, das Pferd zog weiter den Karren und der Vater reagierte zu langsam. So nahm das Unglück seinen Lauf und Florian blieb einen Augenblick zu lange vor dem wuchtigen rechten Rad des Gespanns liegen.

Der Sturz selbst hatte dem gelenkigen kleinen Körper nichts anzuhaben vermocht; doch dann rollte das hoch beladene Fuhrwerk mit ganzer Schwere über den Jungen hinweg.

Florians Vater war völlig verstört. Alles war so schnell gegangen – und nun lag sein Sohn tot am Wegrain. Wie war das nur möglich? Der Mensch ist in solchen Augenblicken selten in der Lage, sofort zu erkennen, wie die Dinge stehen.

Der Vater kniete neben seinem toten Sohn und begann in dem Moment auch schon zu beten.

»Gottesmutter, steh bei …« Ihm war so schwer ums Herz, dass er immer wieder diesen Satz wiederholte und er gelobte, ein Gnadenbild zu stiften.

Dann brachte er den leblosen Körper nach Hause und war untröstlich über das Wehklagen der Mutter und der Frauen in den dunklen Räumen.

Man legte Florian in sein Bett und betete die ganze Nacht hindurch.

Was in dieser Nacht geschah, weiß niemand.

»Am folgenden Tag ist der Knabe wieder ganz

frisch und gesund!«, steht in der Chronik. Die Gottesmutter hatte die Gebete erhört.
Selbstverständlich hatte der Jungbauer das Gnadenbild nicht vergessen. Er malte es mit viel Liebe und Dankbarkeit selbst und es hängt heute noch im Umgang der Votivtafeln von Altötting – ein Bild, dem selbst Wunderkraft nachgesagt wird.

Ungezählt sind die Berichte über Spontanheilungen in Altötting und ähnlichen Gnadenorten. Mögen sie uns auch noch so unwahrscheinlich erscheinen – es gibt solche Zeugnisse immer wieder und, wie bereits erwähnt, gerade auch in unserer Zeit. Hier in dieser frühen Geschichte aus dem Mittelalter ist interessant, dass schon die Technik (der Wagen) als tödliche Gefahr für das Leben (Kind) dargestellt wird.
Pater Frumentius sprach einmal vom »Krebsübel des schleichenden Glaubensschwundes«. Wohin sind wir mit dem Ausverkauf des Glaubens gekommen? Glaube schafft das Wunder-bare und ohne Glaube geht es nicht mehr weiter.

Die rettende Himmels-
erscheinung

Susanne Westendorf war im Zweiten Weltkrieg als Luftwaffenhelferin in Böhmen eingesetzt.

Dann kam die Kapitulation im Mai 1945, die dem entsetzlichen Krieg endlich ein Ende bereitete. Der Haufen Soldaten um die zierliche Frau mit den hochgesteckten rotblonden Haaren zerlief sich in alle Himmelsrichtungen. In sämtlichen Gesichtern, die ihr in jenen Tagen begegneten, stand die nackte Überlebensangst.

Soldaten huschten wie Tiere durch Gassen, suchten sich, so gut es ging, zu verstecken und wollten nur eins: nach Hause.

Doch ein Zuhause gab es für die meisten nicht mehr. Susanne schloss sich einem kleinen Haufen Fliehender an. Sie musste große Entbehrungen erleiden, Hunger und Kälte. Zu essen gab es nichts – außer dem, was man fand, stahl, pflückte, erbettelte.

In jedem Falle war das nicht viel. Nachts schlief man in Wäldern und suchte Schutz in der Dunkelheit.

Susanne, die nichts über ihre Angehörigen in Oberschlesien wusste, hatte vor, in Dresden bei weitläufigen Bekannten unterzukommen.

Als sie die Grenze überschritten und den tschechischen Boden verlassen hatten, keimte sogar so etwas wie Hoffnung auf. Das Leben würde weitergehen. Sie hatten die grausamen Ereignisse überlebt und konnten neu anfangen.

Als sie in der Ferne einen kleinen Ort sahen, sagten ihnen entgegenkommende Männer: »Gehen Sie nicht in den Ort dort, das ist gefährlich, überall sind russische Soldaten!«

Es sei besser, einen Umweg über den kleinen benachbarten Laubwald zu wählen. Und so taten es die Flüchtlinge denn auch.

In der hellen grünen Geborgenheit des frühlingstrunkenen Waldes kam in der Gruppe versprengter Fliehender mit einem Mal Lebenslust auf. Urplötzlich meldete sich die Freude am Dasein. Man erinnerte sich wieder, dass man lebte, jung war … Überhaupt, dass es so etwas wie Leben gab! Man sprach über Pläne, vertraute sich Geheimnisse an, öffnete die Seele …

Bis lähmendes Entsetzen sie alle ergriff, denn urplötzlich standen zwei russische Soldaten vor ihnen, die mit groben Händen Gewehre im Anschlag hielten. In ihren Gesichtern stand Grausamkeit, sie freuten sich über die Situation hier im Wald, abseits jeder Öffentlichkeit, und würden nun ein Spiel beginnen, ein Spiel mit tödlichem Ausgang vielleicht.

Susanne schrie, so laut sie konnte: »Maria! Gottesmutter! Hilf!«

Und dann geschah das Wunder. Oben am strahlend blauen Himmel, wo die lichtgrünen Wipfel der Bäume sich öffneten zum blau durchwirkten Naturrund des hoch gewachsenen Lichtdomes, erschien wirklich die Gottesmutter.

Sie lächelte und sah Susanne in die Augen.

Das änderte jedoch nichts an den grausamen Tatsachen. Die russischen Soldaten kamen stiefelschwer näher, rissen und schubsten an den verängstigten und ausgehungerten Gefangenen und genossen ganz offensichtlich die Situation.

Unter dem Vorwand, kontrollieren zu wollen, rissen sie hastig die Rucksäcke der Flüchtenden auf ...

Dann entdeckte der eine der beiden die zierliche rotblonde Susanne. Mit schmutzigen Händen begann er sie zu berühren. Er stieß Susanne von der Gruppe weg. Unmissverständlich bedeutete er seinem Kameraden, ihn mit dem Gewehr abzusichern. Was er vorhatte, war nicht zu übersehen.

Da erkannte Susanne, hoch sensibilisiert durch größte Lebensangst, dass dieser andere Soldat innerlich zögerte! Es schien etwas in seinem tiefsten Inneren zu geben, das dem, was hier im Wald stattfinden sollte, mit Macht Einhalt gebot.

Susanne suchte seinen Blick und fand ihn.

Flehentlich sah sie zu ihm auf. Und er reagierte auf den stummen Hilfeschrei.

Das Wunder geschah. Augenblicklich entbrannte ein Streit zwischen den Soldaten.

Keiner in der kleinen Gruppe, der diesen Streit mit anhörte, konnte ein Wort Russisch verstehen, doch es war klar, worüber die Russen stritten.

Der Erste wurde immer wütender und zügelloser. Der andere indes, den Abzeichen an der Uniform nach der Ranghöhere, gebot ihm jedoch nachdrücklich Einhalt. Er schien eine fremde, beschützende Macht zu haben, denn tatsächlich gab der Soldat nach und die beiden verschwanden im Wald.

Susanne musste sich auf einen umgefallenen Baum setzen, so sehr schlotterten ihre Knie. Nur noch schluchzen konnte sie.

»Sie müssen eine gute Beziehung zur Gottesmutter haben«, meinte da einer der deutschen

Männer in der Gruppe, »auch ich habe diese herrliche Madonna gesehen, oben am Himmel, kurz bevor der Streit zwischen den Russen ausbrach!«

»Ja«, brachte sie nur hervor.

Eine typische, archetypische Maria-Hilf!-Geschichte. Davon gibt es unzählige und unzählig sind die Erlebnisse von Menschen auf der ganzen Welt, denen die Madonna in höchster Not durch ein unerklärliches Wunder geholfen hat.

Sehr oft hilft Maria Menschen, die durch Gewalt in ihrer sittlichen Reinheit oder seelischen Unbescholtenheit verletzt werden sollen. Wie sinnvoll wäre es deshalb, sich auch ohne direkte, augenblickliche Not, bei Maria für ein geistig-seelisch-körperlich gesundes Leben bittend, einzusetzen, für sich selbst und für Nahestehende.

Der Schutzengel
von Catania

Bei Catania, also ganz im Osten der Insel Sizilien, lebte einmal ein Minorit, ein Franziskanermönch. Das alles ereignete sich im Jahre 1640, wie es uns die Chronik in dem ehrwürdigen Kirchenarchiv berichtet.

Bruder Francesco betete aus großer Überzeugung den ganzen Tag lang schon den Rosenkranz für die armen Seelen. Er wusste von der Abgeschiedenheit dieser einsamen Geistwesen von den Freuden des Himmels, wusste von der Präsenz Verstorbener, die auf einer geistigen Ebene durchaus auf Erden weilen können, wenn sie nicht erlöst werden, und auch die wahre Hilfsbedürftigkeit solcher armen Seelen kannte der einfühlsame Mönch.

Nachdem die Sonne mit einem prachtvollen Farbenspiel untergegangen war und ihr blutroter Abglanz den Himmel übergoss, begab der Pater sich, so wird berichtet, in die »einsame Campagna«.

In den abgelegenen Wäldern, die die Campagna

umrahmten, verbargen sich zwei Verbrecher. Die lauerten schon lange auf ein Opfer und als sie den in seine Gedanken versunkenen Pater erblickten, beschlossen sie, ihn zu überfallen. Zu der Hoffnung auf erbeutbare Münzen – vielleicht hatte der einsame Pilger ein Geldsäcklein dabei? – gesellte sich nun jedoch auch schiere Mordlust: Egal, was der einsame Betende bei sich trug, sie würden ihn totschlagen!

In dieser Gesinnung stürzten sie sich aus dem bergenden Dickicht dem Minoriten entgegen.

Plötzlich, sie trauten ihren Augen und Ohren kaum, erscholl ein Posaunenklang, so schmetternd und durchdringend, dass die Vögel von ihren Ästen mit panischem Flügelschlag flohen ... Starr vor Schreck blieben die Mordbrenner stehen, angewurzelt, ein jeder in der Hand den schweren Knüppel.

Wieso hatten sie das denn nicht vorher sehen können? Der Pater wurde von einer großen und wohlgeordneten Schar schwer bewaffneter Soldaten begleitet. Ganz eindeutig: Es war der königliche Kommissär und dessen Elitegarde, die dem Betenden zur Seite standen.

Als die Räuber endlich wieder Blut in ihren Adern spürten, liefen sie von dannen, so schnell sie nur konnten. Sie rannten, bis ihnen die Luft

wegblieb und sie mit keuchendem, röcheln-
dem Atem bei einer Scheune innehalten mussten.

Sie brauchten lange, bis ihr Atem wieder normal
ging, die Kleider aber blieben klatschnass vom
Schweiß der Angst und des überstürzten Flie-
hens über Stock und Stein.

Eigenartig, dass sie, obwohl ihre unlautere Absicht doch ganz deutlich erkennbar war, als sie
aus dem Dickicht mit ihren schweren Knüppeln
kamen – eigenartig, dass keiner der Garde sie
verfolgt hatte.

Nun denn.

»Glück gehabt«, so sagten sie sich sehr zu Recht
und setzten ihren Weg fort. Als die beiden Lum-
pen dann endlich, es war inzwischen finster, ein
Gasthaus sahen, beschlossen sie, hier einzukeh-
ren.

In der Wirtsstube saß der Pater, den sie vor Stunden überfallen wollten. Allein.

Da konnten sie nicht anders, als zu fragen, wo
denn die begleitenden Truppen seien?

»Welche Begleiter?«, gab der fromme Mann ehrlich erstaunt zur Antwort. »Ich bin den ganzen
Tag lang schon allein unterwegs. Ich habe nur
ein Bildnis der Heiligen Jungfrau Maria in mein
Bündel geschnürt …«

Da wurden die Räuber so von Gefühlen der Rührung und des wahren Glaubens überwältigt ob dieses deutlich erkennbaren Wunders, dass sie vor dem braven Gottesmann auf die Knie fielen, bekannten, bereuten und eine umfassende Lebensbeichte ablegten. Der Pater sprach sie von allen Sünden frei und die beiden wurden seine treuen Begleiter und Beschützer, immer wenn er seine Pilgerreisen tat.

Das Beten des Rosenkranzes und das selbstlose Eintreten des Paters für arme Seelen machen dieses Wunder möglich. Der Schutzengel manifestiert sich oftmals als reale Gestalt oder als mehrere reale Gestalten, Geistwesen, die der zu Beschützende selbst gar nicht sieht. Es gibt viele Geschichten, in denen sich das Madonnenmotiv mit dem des beschützenden Engels oder einer ganzen Engelsschar vermischt.

Die Wunderheilung
beim Pfarrer von Ars

Claire Durie tat bei dem inzwischen weltberühmt gewordenen Pfarrer von Ars mit glühendem Glauben Dienst. Der Pfarrer Johannes Maria Vianney zog das Wunderbare wie ein Magnet an, war von Gott begnadet und seine Leiche ist heute noch, über hundert Jahren nach seinem Tod, als unverwest zu bestaunen. Fräulein Durie also hatte einen erklecklichen Geldbetrag gesammelt und erbettelt. Dies Geld wollte sie für die Waisenkinder von Johannes Vianneys Pfarrei zur Verfügung stellen.

Was nun geschah, lassen wir zunächst von ihr selbst schildern: »Es hatte ein Uhr nachmittags geschlagen. Der Pfarrer war allein in seinem Zimmer. Katharina Lassagne öffnete mir die Tür zum Pfarrhaus. Ich betrat die Treppe, als ich Vianney sprechen hörte, wie wenn jemand bei ihm gewesen wäre. Ich stieg leise hinaus. Ich lauschte.« (Hier und im Folgenden zitiert aus der Dissertation: »Unerklärliche Ereignisse« von Harald Grochtmann.)

Fräulein Durie hörte nun in den folgenden Minuten den Pfarrer ganz deutlich mit einer Person im Raum sprechen, die sie zunächst weder sehen konnte noch hören.

Fräulein Durie trat näher.

Aha! Eine weibliche Stimme füllte des Pfarrers Arbeitszimmer mit wohligem Klang. Die Stimme war sehr, sehr angenehm und liebevoll.

»Sie wird gesund werden«, sagte die liebe Stimme.

Da Fräulein Durie seit langem unheilbar an Krebs erkrankt war und auch sehr darunter litt, stand sie sogleich in heller Aufregung: Wer nur konnte so bestimmt über ihr Gesundsein oder Krankbleiben bestimmen und verhandeln? Oder war sie selbst gar nicht gemeint?

Aber ein untrügliches Gefühl sagte ihr, dass es hierbei um sie, Claire Durie, persönlich ging!

Indes, bei dem Satz »... sie wird gesund werden ...« konnte das Mädchen nicht anders, als spontan in das Zimmer hineinzutreten.

Doch, was war das! – Unglaublich!

Da stand eine Frau im Zimmer, nein, keine gewöhnliche Frau, vielmehr eine sehr feine, zarte und dennoch herrliche Dame, Königin vielleicht, unglaublich schön und ganz in unwirkliches Weiß gewandet. Dies blendende Weiß war mit leuchtend roten Rosen übersät.

Und dann die Diamanten an den Händen! Die blitzten in einem Feuer, das kein irdischer Stein abstrahlen kann. Der Stirnkranz glänzte heller als die Sonne selbst, mit einem Unterschied: Dies Gleißen tat den Augen kein bisschen weh. Claire Durie stand einfach nur da. Gebannt, starr. Starr vor Schreck und heiliger Erschütterung.

»Meine gute Mutter«, sagte sie, als sie einigermaßen ihre Fassung wiedererlangt hatte, »Mutter, nimm mich doch zu dir in den Himmel auf!«

»Später«, kam es zurück. Eine recht knappe Antwort von der himmlischen Gebärerin.

»Oh, es ist Zeit, meine Mutter!«

»Du warst immer mein Kind und ich werde immer deine Mutter sein.«

Dann war die glänzende Frau verschwunden.

Es dauerte nicht lange und Claire Durie war völlig geheilt. Sie wurde nicht müde, die wunderbare Geschichte weiterzuerzählen, jenen lebensverändernden, mitreißenden Moment jenseits von Raum und Zeit, als ihr damals die Madonna erschienen war.

Wieder zeigt sich die Gottesmutter bei ihrer herrlichen Erscheinung mit dem Strahlenkranz, der wie die Sterne des Firmaments funkelt. Ein deutliches Zeichen, dass Maria über den Kos-

mos herrscht, ebenso wie Gottvater und Jesus Christus dies vermögen. Die vergleichende Beobachtung wunderbarer Erscheinungen zeigt eindeutig: An bestimmten Plätzen oder im Umkreis heiliger Personen fühlt die Madonna sich wohl. Zumeist sind es Kinder, in jedem Fall sehr gläubige Menschen, die das Erscheinen der göttlichen Frau ermöglichen.

Dort, wo die Lobpreisung zugelassen wird, da erscheinen irgendwann Engel. Und die Muttergottes.

Das Knabenwunder
von Altötting

Im Jahre 1489 wuchs der dreijährige Hans in einer der gottseligsten Umgebungen auf, die Gottes Erdkugel zu bieten hat: nämlich »zu Alten Ötting«, heute bekannt als Altötting in der Nähe des Rottals in Niederbayern.

Er durfte die weiten Wiesen als seine eigene Welt betrachten, er tollte durch Gras und Gebüsch, schreckte die Enten und stellte den Schmetterlingen in der Luft nach. Da es hoher Sommer war, konnte er barfuß durch hoch gewachsene Wiesen laufen und war auf diese Weise dem beobachtenden Blick der Eltern entkommen. Für die Warnung »Geh nicht zu dem Fluss, meide den Mehren!« war er noch zu klein.

Dann stand er am Wasser, freute sich, der Schmetterling vor ihm flog gaukelnd hoch über die moorigen Fluten. Hans reckte die Arme in die Luft, griff nach der farbigen Pracht und fiel in den dunklen und träge fließenden Fluss, der ihn glucksend aufnahm wie ein Stück von sich selbst.

Das Kind war einfach untergegangen und hatte nicht einmal Todesangst gehabt.

Spät, zu spät, merkten die Eltern, die hart auf dem Feld arbeiten mussten, sein Abhandenkommen. Dann brach jedoch Panik aus, man ahnte auch gleich, was geschehen sein konnte. Das gesamte Dorf begab sich zum Fluss. Doch von dem Jungen war weit und breit keine Spur.

Junge Burschen aus der Nachbarschaft, die in der allgemeinen Aufregung einen kühleren Kopf behalten konnten, schrien sich zu: »Wir müssen, so schnell es geht, flussabwärts laufen, nur dort könnten wir Hans vielleicht noch finden!«

Daraufhin rannten sie tatsächlich in die Fließrichtung des zäh fließenden Mehren, querten hohe Wiesen, stolperten über grobe Ackerböden, über Weidengeäst – aber sie hatten einen sicheren Instinkt, wo sich an engen Stellen oder in tief herabhängenden Ästen etwas verfangen haben konnte.

Jakob, einer der gewandtesten jungen Männer kam an so einem Naturrechen vorbei: aufgerichtete Hölzer, Zweige...

Da!

»Ich habe ihn!«, schrie er, so laut er konnte.

Ohne zu überlegen, sprang er ins Wasser, griff den Knaben, der leblos zwischen den vielen Zweigen dem fließenden Wasser Widerstand bot, sodass die dunkle Flut gurgelnd an dem zierlich kleinen Körper vorbeisprudelte.

Da waren auch die anderen zur Stelle, der Knabe lag nun geborgen auf der Sommerwiese, er hatte eine halbe Stunde unter Wasser verbracht. Jedwedes Lebenszeichen fehlte.

Man trug ihn alsbald ins Dorf. Hans lag reglos, das Herz arbeitete schon lange nicht mehr, Atmung gab es keine. In ihm war absolut keine Spur mehr von Leben.

Der kleine Hans war tot.

»Gottesmutter! Maria!«, schrie die Mutter in ihrer Verzweiflung.

Die gute Frau, die mehrere Kinder geboren hatte, von denen Hänschen das jüngste war, hatte mit einem Mal unbändiges Vertrauen in die Macht der himmlischen Gebärerin.

Sie packte das tote Kind, trug es auf dem Arm hin zur kleinen Marienkapelle, legte es dort liebevoll auf den Altar zu Füßen einer wunderschönen Marienfigur, die für sie schon immer etwas ganz Besonderes gewesen war.

Dann sank die vom Schmerz bald besinnungslose junge Mutter, deren kleiner Sohn tot wie eine Opfergabe auf dem Altar lag, auf die Knie. Sie betet und in ihrem mütterlichen Instinkt brennt ein helles flammendes Licht, das von blindem Vertrauen herrührt: »Mutter Gottes, gib dies Kindsleben zurück! Halte Fürsprache bei deinem Sohn! Bitte Gottvater ... Gib mir mein Kind wieder!«

Noch passiert nichts.

Jetzt wird die Mutter immer persönlicher: »Maria! Nur du kannst verstehen, was ich jetzt gerade fühle! Nur du! Auch du hast deinen Sohn verloren!«

Nichts.

Dann schlägt Hans die Augen auf.

Als nach geraumer Zeit fürsorgliche Dorfbewohner die Kapelle zu betreten wagen, um die Mutter von dem toten Kind zu trennen, da sehen sie diese Frau, vor der Gottesmutter betend.

Und wie die Mutter Maria selbst, so hält auch sie ihr lebendiges Kind im Arm. Die Dorfbewohner sehen zweimal das Bild unendlicher Liebe, deren Ausstrahlung so stark ist, dass tatsächlich ein hell leuchtender Schein zu sehen ist.

Dies erste Wunder des weltberühmten Wallfahrtsortes findet sich in der Chronik aus dem Jahre 1489. Die Lindenholzfigur jener wirklich schönen, sehr weiblichen Madonna mit dem Jesuskind im rechten Arm wurde um 1330 geschaffen.

Einer Legende nach, die um ein anderes Wunder weiß, entstand die Gnadenstatuette bereits 907.

Damals brannten einfallende Hunnen die Ka-
pelle ab, die hölzerne Madonna blieb unver-
sehrt – wenngleich geschwärzt – bis heute.

Das Anliegen, das die Gottesmutter zumeist in
ihren Botschaften und auch Wundern an uns
richtet, ist die Forderung nach hingabevollem
Gebet. Die Menschen müssen die kindliche
Hingabe des echten Gebetes wieder erlernen.
Die Gottesmutter, die sicherlich nicht zufällig
zuallererst in Altötting einer Mutter mit Kind
geholfen hat, wird immer wieder den Weg wei-
sen.

Maria bewirkt eine innere Wandlung

DER GERETTETE HIRSCH

Dort, südwestlich von München, wo heute in einem anmutigen Wald das malerische Ensemble der Wallfahrtsstätte Maria Eich zu finden ist, da geschah dereinst ein Wunder.

Der Kurfürst von Bayern hielt in den Wäldern um Planegg eine festliche Hofjagd ab. Dabei handelte es sich um die klassische Form der Treibjagd: Alle beteiligten Treiber scheuchten mit viel Lärm und Aufwand das Wild so vor sich her, dass es den Jägern vor die Flinten laufen musste.

Die Jagd ist von jeher ein Privileg der Oberschicht. Ein Privileg des Fürsten und eine Auszeichnung in seinem damaligen, sehr männlich geprägten Ehrenkodex wäre es indes gewesen, einen besonders stattlichen Hirsch zu erlegen. Dahin ging dieses Mannes ganzes Sehnen und er traute seinen Augen kaum, als urplötzlich ein kapitaler Hirsch, so herrlich stolz, wie er noch nie einen erblickt hatte, unvermutet vor ihm auftauchte. Da das wunderbare Tier jedoch noch zu weit entfernt war, gab der Fürst dem Pferd die Sporen und die wilde Jagd führte ihn immer tiefer und tiefer in den Planegger Wald hinein.

Dieser Hirsch war ungewöhnlich schnell, wendig und klug, ließ sich nicht einholen, doch der Fürst folgte ihm und mit ihm die restliche Jagdgesellschaft.

Dann, mit einem Mal, hielt der Hirsch inne, drückte sich an den Stamm eines wuchtigen, beschützenden Eichenbaumes und sah dem Fürsten unverwandt in die Augen. Dann wandte er sich wieder ab und sah den Stamm entlang nach oben.

Ross und Reiter des Gefolges waren nun aufgerückt, Fürst und Hofgelage standen im Halbkreis um diese anrührende Szene herum. Da fühlte der Fürst ein warmes Gefühl in sich hochsteigen. Trotz der Jagdgier, trotz des noch nicht verklungenen gierigen Fiebers, dieses wunderbar-kraftvolle männliche Tier mit dem majestätischen Geweih zur Strecke bringen zu können, überkam den Fürsten etwas, was man als eine religiöse Erschütterung bezeichnen könnte.

Die Jungfrau Maria, die Gottesmutter, hatte die plötzliche Wendung in der Jagd bewirkt. Denn der Hirsch hatte an dem Baumstamm hoch zu einer kleinen, kunstvoll gestalteten Marienfigur geblickt.

Das Tier hatte eine feine und wahre Empfindung für die heilige Ausstrahlung der kleinen geschnitzten Himmelsherrscherin, die da in dem Stamme steckte.

Der Fürst schenkte dem Hirsch das Leben. Ihn selbst hatte das Erlebnis so sehr aufgewühlt, dass er es bei dem soeben Geschehenen und Erlebten nicht beließ. Er ordnete an, um diese wundersame Eiche mit der eigenartig strahlenden Marienfigur herum eine Kapelle zu bauen, ein Kirchlein im Wald für Pilgersleute und dazu auch noch eine Klausnershütte.

Das Kapellchen steht immer noch, viele Votivtafeln im Inneren künden von erhörten Bitten, vor allem von Wundern der Heilung, die hier geschahen. Und der Stamm der Wundereiche ist, liebevoll umbaut, ebenfalls heute noch zu bewundern.

Alte Stiche geben die mit viel Feingefühl gestalteten Baulichkeiten wieder, etwa ein Stahlstich aus der Zeit zwischen 1840 und 1876, der sich heute im Münchner Stadtarchiv befindet.

Von dem Wunder mit dem frommen Hirsch kündet auch ein Gedicht, das unter einem Bildnis dieser Szene mit Fürst, Jagdgesellschaft, Eiche und Tier in altertümlicher Schrift an der Außenwand der Kapelle angebracht ist:

»Ein abgejagter Hirsch in seiner vollen Flucht
Hat Schutz und Sicherheit an diesem Ort
gesucht. Und was er hat gesucht, das hat er
auch gefunden;
Die Jäger haben sich zu seinem Tod verbunden:
Der Churfürst selber kommt und sieht das
Schauspiel an,
Er giebt (!) dem Tiere Schutz und wandte seine
Bahn.
O Vater, welcher Preis muss deinen Namen
zieren:
Der beßte kommt Dir zu, bei Menschen und
bei Tieren.«

So weit die Überlieferung, die jedoch ihres greifbaren wahren Kernes und der historisch fassbaren Gestalten wegen eher schon eine Legende genannt werden muss.

Das Wunder an der Marieneiche von Planegg wird sich wahrscheinlich folgendermaßen zugetragen haben:

Dereinst kam ein frommer Knabe aus Planegg in den Wald und stellte in die Höhlung des Stammes einer Eiche eine kleine tönerne Marienfigur. Er tat dies, weil er den für ihn persönlich heiligen Ort zu seiner Betstätte machen wollte.

Irgendein Wissender um die Kraft eines bestimmten Ortes fängt immer an, einen späteren Wallfahrtsort zu begründen. So war es auch hier; alsbald kamen immer mehr Menschen, um an dieser Stelle zur Gottesmutter zu beten.

Im Jahre 1743 wurde dann, weil die Stelle zunächst Geheimtipp, dann Wallfahrts- und Pilgerort geworden war, ein Kapellchen um die Eiche herum gebaut, die dann erst fünfundzwanzig Jahre später die Form der jetzigen Kapelle erhielt.

Der Marienwunder sind hier zahllose. 1809 fuhr ein Blitz, weiß grell aufleuchtend, in den Stamm, mit ohrenbetäubendem Höllenlärm zerspellte das wuchtige Holz – indes, die Marienfigur blieb heil. Der Baum wurde abgesägt, geborgen und zusammen mit der kleinen Madonna und einem Tabernakel neu errichtet.

Die Kraft an dieser Gnadenstätte ist ungebrochen. Man muss selbst hingehen. Schon auf einige hundert Meter Entfernung ist zu spüren: Der Ort ist aufgeladen mit Kraft, Heilungsenergie, Heiligkeit.

Viele Marienheiligtümer befinden sich auf ausgewiesenen Kraftorten, die schon vor der christlichen Belegung als Kultstätten oder Orte der

Heilung, Aufladung, spürbaren Erdenergie bekannt waren.

»Dies alles aber ist geschehen, damit das Wort
des Herrn in Erfüllung gehe, das er durch den
Propheten gesprochen hat ...«

(Aus dem Gruß des Engels an Maria bei der Pro-
phezeiung der Geburt Jesu, Matthäus 1, 22.)

DER SEHER UND
PROPHET MÜHLHIASL

Der weltbekannte Seher und Prophet Mühlhiasl hieß eigentlich Alois Irlmaier und lebte von 1894 bis 1959. Er wurde in Freilassing/Oberbayern geboren, war Brunnenbauer und Hellseher und erreichte durchaus den Popularitätsgrad von Bruno Gröning. Es wird erzählt, dass dieser Seher, der den Weltkrieg und das »brennende New York« recht präzise vorausgesehen hat, durch ein Marienbild zu seiner Berufung kam. Das geschah im Jahre 1928:
Damals war Alois Irlmaier in die Umgebung von Salzburg gerufen worden. In Kuchl, also im Tennengau, sollte er auf dem Gehöft eines Bauern nach einer Wasserader suchen, um dann einen Brunnen zu graben, worauf er sich wie kein Zweiter verstand.
Er ging zu dem österreichischen Bauern in die Stube, um irgendetwas zu besprechen – das muss dieser berühmte Augenblick im Leben gewesen sein, da Raum und Zeit sich kreuzen, da ein Kanal frei wird, hin zur Ewigkeit.

Irlmaier sah ein Marienbildnis an der Wand hängen. Es war schlicht und einfach und zeugte von echter Bauernfrömmigkeit: eine sehr mütterliche und zugleich göttliche Madonna. Das Bild gefiel ihm auf sonderliche Weise, er heftete seinen Blick darauf. Was hatte der Bauer gerade noch gesagt? Brunnen? Honorar? Brotzeit?

»Hm«, machte der Irlmaier nur. Er war versunken in dieses Marienantlitz. Was um ihn herum vorging, bekam er gar nicht mit. Und dann geschah etwas Unfassbares: Die Gottesmutter trat aus dem Bild heraus.

Sie stand vor ihm, war dieselbe wie im Bild und zugleich in der dritten Dimension da, richtig zum Anfassen. Die Muttergottes lächelt ihn gütig an.

Da geschieht mit dem Irlmaier das, wovon er später sagt, es hätte ihm »einen Riss gegeben«. Von diesem Moment an ist er Hellseher. Seine Voraussagen füllen Bände und suchen an Treffgenauigkeit ihresgleichen. Er ist nicht nur im großen Kreis seiner Bewunderer, sondern genauso in parapsychologischen Kreisen und in der Psychologie anerkannt. Zu seinen Lebzeiten hat ihn sogar die Kriminalpolizei zum Lösen verzwickter Fälle konsultiert.

Alle seine Aussagen sind düster und warnend, wie auch die Aussagen der berühmten Marienerscheinungen stets eine verrückt gewordene Menschheit zur Vernunft rufen.

Irlmaiers damaliger Verleger Dr. Conrad Adlmaier hat die Sehergabe folgendermaßen beschrieben: »Gegenwart und Zukunft verschmelzen ineinander, es entsteht eine Bildreihe …«
Alle Marienerscheinungen sind »Gesichte«, Bilder also, und damit Symbole. Sie weisen auf die Zeit hin, den Augenblick, da sich die waagerechte Weltenebene und die senkrechte Himmelsebene kreuzen. Die Griechen nennen diesen »Gott des rechten Augenblicks« Kairos.
Irlmaier hat den Augenblick der göttlichen Begegnung genutzt. Bei uns allen gibt es irgendwann so einen Augenblick, die entscheidende Sekunde. Erkennen wir sie.

Die lebensrettende Madonna von Lucca

Balthasar Guinigi aus Lucca wurde im Jahre 1588 geboren. Noch jung an Jahren, verfiel er verführerischen und üblen Kameraden, gab seinen sonst so hoffnungsvollen Lebensweg auf und ergab sich mehr und mehr dem Laster. Das alles fing eher harmlos und spielerisch an; das Verbotene und Verpönte bot dem allzu anfälligen Balthasar immer wieder genau die für das schwache Fleisch und den unwilligen Geist nötige Menge an Reizen, welche alle Vorsicht vergessen ließen. »Nur noch heute«, wurde mehr und mehr zu seinem Motto. Aus dem Heute wurden Tage und Monate, schließlich Jahre, bis er der Gier ganz und gar verfallen war.

Dennoch fehlte es nicht an Geistern, die es gut mit Balthasar meinten: Die Chronik berichtet, dass ein gewisser Pater Caesar Franciotti »mit Sanftmut der Beweisgründe« versucht hat, den Haltlosen zu ändern. Umsonst.

Heiliger Sankt Michael! Du Streiter gegen Satan hast einer herrlichen Kirche bei Lucca den Na-

men gegeben. Und eben an dieser dem gottver-
bundenen Erzengel geweihten Kirche musste
Balthasar nun vorbeieilen, da er, wie so oft, ins
Spielhaus wollte. Vielleicht war er es gar nicht
selbst, der dorthin strebte, hinein in dunkle und
rauchstinkende Gemächer, wo finstere Gesel-
len sitzen, die das Glück herausfordern und damit Gott, sondern ein Getriebensein, das stärker
war als er selbst.

An der kunstvoll gestalteten Fassade der Mi-
chaelskirche sah Balthasar eine lebensgroße Marienstatue. Er hatte sie schon oft gesehen, doch
dieses Mal war es anders.

Sein Blick blieb an der wunderschönen Frauen-
statue hängen. Ein Rest von Gottergebenheit
und staunendem Offensein für gute Kräfte
schlummerte noch in ihm, ohne dass er selbst
dies bemerkt hatte. Das hing mit einem längst
verschütteten Jugendglauben zusammen, »da
er in der Marianischen Congregation die Milch
der Andacht eingesogen hatte«. Mit so wunderschönen Worten drückt bildhaft-blumig der
fromme Text in dem Kirchenarchiv aus, was
mit dem jungen Mann los ist.

Und aus diesem längst erloschenen Glauben heraus grüßt er spontan die Statue, zieht die Müt-
ze und verbeugt sich vor Maria.

Da beschließt die gütige Herrin, genau in diesem

Moment, ihn zu retten: »Wohin gehst du, o Balthasar?«

»Zum Spiel«, antwortet er unumwunden. Für eine Lüge ist er angesichts der herrlichen Frau nicht fähig.

»Spielen?«, entgegnet sie und blickt ihm unverwandt in die Augen, »wo doch die Ewigkeit auf dem Spiel steht?«

Dieser eine Satz der Madonna setzt einen Erdrutsch in ihm frei. Wohl will er noch zu dem Spielhaus gehen, doch dann geht er geradewegs zur Beichte. Er weiß selbst nicht, wie er dahin kommt. Kaum ist er im Gotteshaus St. Michael und im Beichtstuhl, da stürzt und sprudelt sein verpfuschtes Leben wie ein Wasserfall aus ihm heraus. Nichts lässt er aus. Nichts beschönigt er.

Er fleht um Vergebung. Und die Reue ist echt.

Als er aus der Kirche heraustritt, umringen ihn die Kameraden und sagen einen eigenartigen Satz: »Du bist von den Toten auferstanden!«

An diesem Nachmittag war nämlich das Spielhaus eingestürzt. Man fand, so die wahre Quelle, »all die Leichen verstümmelt und zerquetscht«.

So hatte die liebende Madonna, die Balthasar, einem letzten Rest von Anstand folgend, gegrüßt hatte, nicht nur sein ewiges Leben, sondern auch sein irdisches gerettet, »wo doch die Ewigkeit auf dem Spiel steht«!

Oft sind es nur Augenblicke, die uns Entscheidungen tun lassen, die tatsächlich ewig währen.
Im Schlechten, aber ebenso gottlob im Guten.
Umkehr ist immer möglich, die Bereitschaft muss jedoch da sein.
Das tägliche Gebet zu Maria ist ein wirksamer Schutz gegen Einflüsse des Bösen.
»Leider ist allzu vielen heutigen Christen die Macht des Gebetes unbekannt. Und doch ist als Grundsatz festzuhalten, dass kein Gebet ohne Erhörung bleibt«, schrieb Pater Frumentius in seinen Aufzeichnungen.

DIE ERLÖSENDE BEICHTE
VON EINSIEDELN

»Das Heiligthum von Einsiedeln in der Schweiz ist berühmt durch große Wunder, welche die Himmelskönigin an den andächtigen Besuchern derselben gewirkt hat, und es ist eine ausführliche Geschichte darüber geschrieben ...«

So beginnt der aufwühlende Bericht von einem Sünder, der sich, trotz vordergründiger Reue und Beichte, im Innersten lange um eine echte und gründliche Läuterung herumdrücken wollte.

Das alles geschah im Jahre 1636.

Seit nicht weniger als achtundvierzig Jahren hatte dieser Mensch, Karl Luegi mit Namen, Sünde an Sünde gereiht, hatte Mitmenschen verletzt, ausgebeutet, betrogen, ihnen auch körperlich geschadet und diesen bedauernswerten Zeitgenossen außerdem durch Betrügereien, Lug und Trug das Leben zur Hölle gemacht.

Der Frevler und Menschenschinder ging dennoch immer wieder zur Beichte, aber aus einer falschen Scham heraus war er nicht in der Lage, all die unheilsamen Taten, die seine Seele im

Laufe der Jahre verdunkelt hatten, ehrlich auszusprechen und zu gestehen.

Dennoch empfing er das Sakrament der Beichte,
ließ sich segnen und schritt dann zur Kommu-
nionbank, um jene besondere Hostie, die den
Leib Christi bedeutet, in sich aufzunehmen. In
der überlieferten Geschichte wird an dieser Stelle mit großer Direktheit von »Gottesraub« gesprochen.

Das ging eine Zeit lang gut. Genauer gesagt, es
ging nicht gut, nur funktionierte die Selbstlüge
über Monate, gar über Jahre hinweg … Dann be-
fiel Karl Luegi eine seltene Krankheit. Bald rang
er mit dem Tod.

Jetzt, da ihn alle Kraft des Lebens verlassen wollte, fand er wirklich seinen Tiefpunkt. Die Vor-
lage aus dem Archiv drückt dies so aus:

»Da rüttelte ihn die Furcht vor dem doppelten
Tode, dem zeitlichen und dem ewigen, aus seiner verderblichen Lethargie auf!«

Er war so fertig mit sich und der Welt, dass er
demütig werden konnte. Er suchte Zuflucht bei
der Himmelskönigin. Schon kurz, nachdem er
sich mit innerstem Erbeben betend an die Gottesmutter gewandt hatte, besserte sich sein Zustand zusehends. Als er kurz darauf wieder stehen und gehen konnte, begab er sich zu einer
Wallfahrt nach Einsiedeln in der Schweiz. Er ge-

lobte der Jungfrau Maria, diesmal ehrlich und vollständig zu beichten. Da der Vorsatz tatsächlich ehrlich war, wurde er augenblicklich gesund.

Doch kaum kniete er im Beichtstuhl, da umfing ihn schon wieder die alte Scheu, jenes Zögern und jene alte Angst, alles, was die Seele verdunkelt, wirklich alles reumütig und ehrlich auszusprechen.

Er kann es wieder nicht und empfängt wieder das heilige Abendmahl. Doch kaum ist er aus der Kirche hinaus, kehrt er um. Was ihn dazu veranlasste, weiß man nicht. Und nun beichtet er alles, was jahrelang so schwer auf seiner Seele lastete.

Es war ein seelisches Großreinemachen. Er beseitigte die uralten Schlacken, wischte die Seele rein, bis in die letzten Winkel fand er unheilsames Handeln der Vergangenheit und wurde es durch Erinnern und Aussprechen endlich los.

Als er auf die Straße trat, meinte er, er könne fliegen. So leicht war es ihm.

Die Beichte ist ein uralter Gesundmacher und Kraftspender. Wie vielen hat sie schon geholfen, jene »Leichtigkeit des Seins« wiederzuerlangen. Heute nimmt oft der Psychotherapeut viel Geld für das, was die Kirche seit Gedenken umsonst anbietet.

Der einzige Preis ist der der absoluten Ehrlichkeit. Es gilt, Scheu und Angst zu überwinden und ehrlich alles Belastende, oft auch Peinliche zu gestehen. Dabei steht uns immer helfend Maria zur Seite.

EGIDIUS' WUNDERSAME ERRETTUNG

Die Geburt des heiligen Egidius fällt in das Jahr 1190, also die Zeit des hohen Mittelalters. Es ist das bedeutsame Jahr, in dem Friedrich Barbarossa als Teilnehmer und Führer des dritten Kreuzzugs im Saleph ertrinkt – der große Heerführer musste damals sein Leben lassen, ohne Palästina erreicht zu haben.

Viel ward dem Knaben Egidius von Anfang an in die Wiege gelegt, stammte er doch von adeligen Eltern ab. Er wuchs heran; und schon bald hob sich der hübsch anzusehende Jüngling unter dem Dach seines Vaters, am vornehmen Hofe von Portugal, von allen anderen Jung-Rittern, Zöglingen der höfischen Künste ab; nämlich durch untadeliges und charmantes Benehmen.

Dann kam die Zeit, da er studieren sollte. Er war aufgeweckt und ein wirklicher Liebhaber der Wissenschaften, wobei sein Interesse auffällig breit gestreut war und weit reichte.

Der Ort seiner Studien sollte Paris sein. Die Stadt hatte damals nicht zuletzt durch ihre Uni-

versität Weltruf. Egidius trat die Reise an, stolz
und mit dem sicheren Gefühl, die Welt würde
und sollte ihm gehören.

Sie gehörte ihm auch, jung war er und schön,
doch er wollte mehr. Und immer häufiger mach-
ten sich bestimmte Gedanken in seinem eitlen
Kopfe breit. Wie steche ich alle meine Kommili-
tonen aus? Wie lasse ich sämtliche Mitbewerber
möglichst bald schlecht aussehen? Wie werde
ich der Erste – jawohl, der Erste! Er malte sich
den Ruhm aus und merkte längst nicht mehr,
wie wilde Eitelkeit ihn zu Schanden ritt.

Der Teufel merkt stets, wenn einer sich eine
Schwäche gibt.

Der Herr der Finsternis trat jedoch nicht als
dunkler Geselle an den lebensgierigen Egidius
heran, sondern in der gefälligen Art eines vor-
nehm gekleideten Reisenden, ganz im Gewand
seiner Zeit, welterfahren, offen und wissend.

»Wohlan, der Herr Studiosus«, so begann er den
jungen Studenten zu umschmeicheln. Viel
brauchte der Teufel sich nicht anzustrengen,
denn der hochfahrende Sinn des allzu eitlen Adeligen war überdeutlich zu erkennen.

»Woher kennt er mich?«, fragte Egidius.

»Man weiß genug von besonderen Leuten«,
schmeichelte der Satan und musste damit nicht
einmal lügen.

Egidius lächelte wohlgefällig und der Teufel fuhr fort: »Warum studiert ein Genie wie ihr in dem langweiligen Paris? Dort gibt es nichts Besonderes zu erfahren!«

»Wo denn dann?«, hakte Egidius nach. Schon hatte er angebissen.

»In Toledo. Folgt mir nach Toledo, junger Herr, dort werde ich Euch nicht nur menschliches, sondern auch übermenschliches Wissen beibringen!«

»Was wollt Ihr!«

»Euch in allen Zauberkünsten unterrichten. Ihr werdet lernen, wie man Wunder wirkt – auch ohne Gott. Die Zukunft werdet Ihr voraussagen können, dazu gar manchen Schnickschnack beherrschen und überhaupt ein bedeutender Weltmann werden: Die Menschheit wird Euch nachlaufen, begehren, Euch teuer bezahlen und zu Füßen liegen.«

»Versprecht Ihr mir das?«

»Gewiss doch. – Wenn Ihr mir auch eine Kleinigkeit versprecht.«

Der Teufel führte den wissbegierigen Studenten nach Toledo, dort ging es hinab in unterirdische und wahrhaft abscheuliche Orte. Der Teufel weiß bestens Bescheid um die besonderen magischen Stellen der Erde, um Orte, die Kraft spenden, doch er nützt diese Kräfte der Natur zu selbstgefälligen Zwecken. Vor allem, um Macht zu gewinnen, beutet er die gottgeschaffenen Erdpunkte aus, energetisch geladenen Zonen, an denen Mutter Erde schöpferische Kraft willig verschenkt. Das hat sich bis heute nicht geändert.

In einer der Höhlen schwor Egidius einen Eid und ging mit dem Teufel sogar einen Blutsbund ein. So hatte der die Seele des jungen Mannes endgültig gebunden.

Nach sieben sehr arbeitsamen Jahren war Egidius ein wahrer Meister der schwarzen Magie. Dann ging er nach Paris an die dortige Universität. Es gelang alles, was er anfasste, bald erwarb er den Doktorgrad und wurde daraufhin ein weit übers Land bekannter Wunderarzt.

Doch seine Hoffahrt kannte keine Grenzen. Er war das, was man heute einen Star nennt, und alle wollten sich mit ihm schmücken. Er heilte auch dann, wenn er genau wusste, dass der betreffende Kranke Gott befohlen war.

Bis zu dem Tag, als sich die Jungfrau Maria seiner schon verkauften Seele annahm.

Als er nach durchzechter Nacht durch die Straßen von Paris fluchend nach Hause torkelte, seine Schritte auf glattkaltem Pflaster hallen hörte, da sprengte ihm plötzlich ein marmornes Gespenst auf marmornem Ross entgegen.

Er zuckte zusammen. Das Gespenst zügelte un-

mittelbar vor ihm das Pferd, sodass es jäh hoch-
stieg, und rief mit einer Stimme, die ihn im
Grunde der Seele zu erschüttern vermochte:
»Ändere dein Leben! Ändere dein Leben!«

»Wie denn!«, stieß er hastig hervor und hatte
kaum die Atemluft für die paar Worte.

»Ändere dein Leben oder ich töte dich!«

Mehr tot als lebendig erreichte er seine teure
Behausung, stolperte an den Wachen vorbei, die
seine nächtlichen bösen Augen mehr fürchteten
als irgendeinen Feind; die solche Auftritte auch
schon kannten, den Kopf schüttelten und froh
waren, dass er die Nacht für diesmal überlebt
hatte. Glücklich konnte dieser von der eitlen
Menschheit angebetete Wunderdoktor nicht
sein!

Egidius schlief schwer. Dämonen zerrten an
ihm, er ward von schrillem Gelächter aus wirren
Träumen gerissen und als ihn ein böser Alb zum
Schreien brachte und er von dem eigenen blö-
kenden Gebrüll der schieren Todesangst erwachte, da wusste er sicher, dass er hier auf Erden schon in der Hölle lag.

Und doch, trotz all des Elends: Da war irgendetwas, das milde Leuchten einer Liebe und
Sicherheit, die er nicht so recht einordnen
konnte …

Am nächsten Tag stapelte er all die vielen

schwarzmagischen Bücher, die er besaß, Folianten, Pergamente, Anleitungen zu Ritualen, Zauberformeln, mit eigenartigen Zeichen versehene Blätter und warf alles in kühnem Bogen auf einen großrädrigen Karren. Den schob er eigenhändig bis in den knapp entfernten düsteren Hinterhof und errichtete damit einen Scheiterhaufen, den er alsdann lichterloh aufgehen ließ. Als hell lodernde Flammen sich in das Papier fraßen und all das Teufelswerk, rot glühend, mit einem eigenartig hallenden Knall explodierte, da fühlte er sich seit vielen, vielen Jahren freier um die Seele.

Egidius ging nun nach Valencia, fand dort einen Dominikanerpater, der ihn sofort verstand. Nach seiner Anweisung verrichtete Egidius mit nahezu fanatischer Inbrunst Bußübungen. Stunde für Stunde, Tag für Tag, Monat für Monat. Immerzu betete er zur allerheiligsten Gottesmutter Maria. Denn ein Gefühl und eine weit verdrängte Erinnerung an den Kinderglauben gaben ihm die Gewissheit, das Richtige zu tun.

Doch der Teufel gab noch lange nicht auf.

Er ließ die widerlichsten Helfershelfer auf Egidius los. In fürchterlichen Nächten spielten sich in des Wunderdoktors Kopf schreckliche Szenen ab, all seine Verfehlungen raubten ihm den Schlaf oder ließen ihn schweißgebadet hochschrecken. Der Teufel gelangte über den Kanal des Geistes und der Träume in seinen Körper, der sich ihm willig ausgeliefert hatte und somit schutzlos war.

Doch Egidius gab nicht auf.

Maria war fürsorgend in sein Leben getreten, wollte seine verlorene Seele zurückholen und mit allen Mitteln kämpfen. Und da Egidius, wenn er bei Verstand war, Bußübungen tat, so konnte die Himmelskönigin irgendwann den Sieg erringen.

Dennoch hatte dieser Kampf Egidius' ganze Kräfte verzehrt.

Als wilde Teufel ihn verhöhnten und, heilige Strophen verspottend, in sein Ohr sangen: »Du wirst uns gehören!«, da fiel er jäh zu Boden und verstarb.

»Steh mir bei, Himmelskönigin!«, winselte er nur noch und wandte sich mit dem Rest seines Geistes, dem Teil, mit dem er leidlich denken und fühlen konnte, an die Gottesmutter. Egidius starb, wie die Quelle vermeldet, »in Heiligkeit«.

Ist es nicht eine Ironie des Schicksals, dass die Physik jüngst den Nachweis erbracht hat, dass die Elementarteilchen, also die Grundbestandteile der Materie, nur einen Bruchteil

einer Millionstel-Sekunde existieren und stän-
dig durch eine Neuschöpfung ersetzt werden
müssen!

Schöpfung und Neuschöpfung aber kann nur
das Werk Gottes sein. Die Materie lebt, um es
drastisch zu sagen, vom Geist. Nur dadurch,
dass der Geist des Schöpfers in ihr wirksam
bleibt, Moment für Moment, nur dadurch wird
sie im Sein erhalten.

Wie sehr die Grenzen zwischen magischem Wis-
sen, der Physik und uralten Glaubensweishei-
ten verschwimmen!

Der Geist bedingt das Sein, materiell und auch
seelisch. Und wir müssen ungeheuer aufpassen,
was wir denken und an Gedanken zulassen. Die
dramatische Geschichte des Egidius ist hierfür
ein drastisches Beispiel.

Und sie zeigt auch, dass es nie zu spät ist für
eine erneute Hinwendung zu Gott. Maria steht
dem helfend zur Seite, der auf sie vertraut.

DIE SPRECHENDE
HOLZMADONNA

Ruben Ringelstetter hatte seit vielen Jahren
schon mit der Kirche gebrochen. Dafür gab es in
seinem Kopf zahlreiche Gründe und einige davon schienen sogar, auf den ersten Blick jedenfalls, logisch aufgebaut und durchaus begründ-
bar. Überhaupt: Ruben war ein Mann, der die
Schärfe des eigenen Geistes für beachtenswert
und im Übermaße für bedeutend hielt und er
erachtete seine allerorten vorschnell darge-
brachte Meinung für wichtiger, als seine Umwelt dies tat.
Dass die Umwelt von seiner Anti-Haltung, die er
selbst doch für so wichtig hielt, kaum Notiz
nahm, störte ihn.
Was also blieb übrig, als bei jeder möglichen
und unmöglichen Gelegenheit spitz zugeschlif-
fene, kritische Anmerkungen loszuwerden? Was
Ruben allerdings für intelligente Beiträge in
verschiedenen Gesprächsrunden und bei gemütlichen Familienzusammenkünften hielt, das
empfanden andere als störend, penetrant und

unhöflich. Selbst wenn sie genauso dachten. Man muss nicht überall alles sagen, was man denkt.

Ruben manövrierte sich zusehends in die Rolle des nicht gern gesehenen Gastes oder des gemiedenen Gastgebers. Dass er nicht längst ganz allein dastand unter seinen Mitmenschen und dass er nicht sozial isoliert war, lag einzig an der Liebenswürdigkeit seiner Frau Martha.

Ein Lieblingskind seines kritischen Querkopfes war und blieb aber immer schon die Gottesmutter und deren amtlich verkündete Jungfrauenschaft. Solche provozierenden Glaubenstatsachen konnten sein von ihm selbst so hochgehaltener logischer Verstand und kritikgeschliffener Geist nun gar niemals fassen! Jungfrauengeburt! Geistzeugung! Mutterschaft einer irdischen Frau für den wahren Sohn Gottes …

Was er dazu, nach einigen Glas Wein, Bier oder Sekt äußerte, das stand so unflätig im Raum, dass es nicht wiedergegeben werden kann.

Dann kam, wieder einmal, der Heilige Abend. Ruben war im Kreis der Familie, trank zu viel, wollte stänkern und streiten, doch keiner ging darauf ein.

Als die Glocken der nahen Kirche laut über das in diesem Winter tief verschneite Stadtviertel schallten, wollten Rubens Kinder Klaus und

Petra unbedingt in die Christmette. Sie dachten weniger an die Launen des Vaters als an Freunde, die sie in der Mette zu treffen hofften.

»Kommt doch mit …«, sagten sie zu beiden Eltern, harmlos, beinahe naiv. Und zu ihrer großen Überraschung ging ihr Vater mit in die Kirche und zog mit schweren Bewegungen die Stiefel an. In seinem Inneren hatte er den Plan gefasst, den bevorstehenden Gottesdienst zu stören. Egal wie, es würde sich schon etwas ergeben.

Wie feierlich war doch alles an diesem 24. Dezember 2001, um 23 Uhr 45! Festliche Musik ergoss sich von der Orgelempore über die christliche Versammlung Gläubiger oder zumindest weihnachtsfroher Menschen; das Nachklingen des Heiligen Abends schwang im geweihten Raum, der Zauber der vielen vorangegangenen Bescherungen und glänzender Christbäume stand immer noch in den Gesichtern von Kindern und Erwachsenen.

Ruben war verärgert, spürte die fremde gewaltige Macht, die da wirkte und sich um seine Antihaltung kaum scherte. Der Dämon, durch den vielen Alkohol ungehindert in ihn eingefahren, litt indes unsägliche Qualen, befand er sich doch ungewollt und zwangsweise in geweihter Umgebung! Er musste etwas tun und suchte listig einen Weg.

Dämonen können Gedanken besetzen, wie sie wollen, wenn das Individuum nicht geschützt wird oder sich selbst schützt.

So begann »es« in Ruben zu denken, dieser Gottesdienst sei eine Zumutung, die Musik schlecht, die Predigt reiner Unsinn. – Merkte das denn keiner außer ihm selbst?

Da kam es ihm gerade recht, dass sein nicht ausgeschaltetes Handy aufdringlich tütelte. Er bemerkte, wie die schrille elektronische Tonfolge seine Umgebung in den umliegenden Kirchenbänken hochschreckte und empfindlich störte, so ließ er das schreckliche, ohrenfeindliche Tü-tü-tütel-tüü mit Absicht länger anläuten, um dann, mehr laut denn leise, ein Telefonat zu beginnen. Die Familie wollte vor Scham am liebsten im Boden versinken. Halb mahnte seine Frau ihn mit einem Blick, halb schaute sie ängstlich weg. Denn sie wusste: Wenn ihr Mann Ruben sein Quantum Bier, Wein oder Schnaps hatte, dann reagierte er auf alles ungehalten, explosiv und immer ohne Rücksicht auf die Umgebung.

Es gibt keine Zufälle. Ruben fiel plötzlich die wunderschöne, lebensgroße Madonna auf, eine barockisierende Figur in Gold und Blau zu seiner Linken.

Der Pfarrer sprach soeben vom Weihnachtsevangelium: »In jener Nacht …«

Dann kam die Stelle mit dem Engel, der Maria die Geburt des Heilands verkündet und die bejahende Antwort von der »Magd des Herrn« entgegennimmt.

Ruben hörte ungewohnt aufmerksam zu, blickte der Madonnenfigur sodann in die Augen und sagte laut: »So ein Blödsinn aber auch, sag mir, von wem hast du das Kind?«

Die Angesprochene blickte ernst, aber gütig zurück und sagte nur vier Worte: »Warum tust du das?«

Es war ein Wunder, das allerdings nur für Ruben wahrnehmbar war. Die Menschen ringsum bekamen von dem Satz aus dem Mund der in Holz gehauenen Gottesmutterfigur gar nichts mit. Sie hatten auch nicht einmal die Köpfe über Rubens Benehmen geschüttelt, von kritischen Reaktionen einfach abgesehen, um seiner sowieso arg gedemütigten Frau nicht noch mehr wehzutun. Es war Heiliger Abend.

In Rubens Seele hatte sich der einfache Satz der Gottesmutter eingraviert: »Warum tust du das?« Ja warum? Er dachte so klar wie nie. Es gab keine Erklärung für sein Benehmen.

Er sah den Dämon, der in ihm tobte, visualisierte ihn und sprach ihn an: »Fahr zur Hölle, gleich jetzt!«

Und er flehte die Madonna vor ihm um Hilfe an.

Zum ersten Mal seit seiner Kindheit wurde ihm klar, was das Zauberwort »Heiliger Abend« für ein wahrhaft schöner, ergreifender und überirdischer Begriff war.

Wo blieben in ihm all der Spott und die Hoffart der letzten Jahre? Warum war ihm dies alles, was er soeben noch gesagt und getan hatte, so grenzenlos peinlich? Tränen rollten über seine Wangen.

Es gäbe nun viel zu erzählen, viel mehr als eine einzige Geschichte nur, wie Ruben fortan sein Leben änderte. Wie er das Vertrauen seiner Frau, dann der Kinder, überhaupt der ganzen Familie zurückgewann.

Wichtig ist bei alldem: Er wurde ein anderer. Und immer, wenn er von der sprechenden Madonna erzählte, dann sagten die Umstehenden, obwohl sie gläubige Christen waren: »Das glauben wir dir nicht, die Sache mit der sprechenden Holzfigur! Du selbst warst es, Ruben, der sich ändern wollte!«

Nur er weiß es besser.

In der seriösen Marienliteratur wird von anerkannten Fachleuten das wundertätige Auftreten der Madonna, gleich in welcher Form, zumeist anerkannt. Im Werk des Paters Jörg Müller »Warum erscheint Maria so oft? Aktuelle Erschei-

nungsorte und weltweite Botschaften Mariens«
wird festgestellt, dass die Hilfe suchenden, oft
durch das Leben verirrten Gläubigen, wenn sie
die Jungfrau Maria anrufen, weder verbotenen
Spiritismus betreiben »noch Anbetung«. Vielmehr ist es eher so, dass Kinder zu ihrer geisti-
gen-geistlichen Mutter eilen und betend Hilfe
suchen – Hilfe, die sie immer bekommen!
Selbstverständlich darf die Verehrung der Maria
als Gottesmutter und Mittlerin und Retterin die
Anbetung und den Glauben zum himmlischen
Vater nicht überschatten oder übertreffen.
Müller sagt: »Es ist die Zuneigung der Kinder
zu ihrer geistlichen Mutter.« Und weiter: »Das
Zweite Vatikanische Konzil weist darauf hin,
dass die Verehrung der Christen für die Jungfrau
Maria den Kult, der dem Mensch gewordenen
Gott dargebracht wird, sehr fördert.«
Bereits beim Konzil zu Ephesus (431) und Chal-
cedon wurde Maria zur Gottesmutter erklärt.
Dies bestätigte indirekt auch den Glauben an
Christus als wahren Gott.
Man sollte jede Botschaft und jedes Wunder,
das auf die Gottesmutter zurückführbar ist, un-
bedingt ernst nehmen. Denn nun ist endgültig
die »Zeit der Madonna« angebrochen!

DAS SÜHNELEIDEN

»Wie sollte so etwas möglich sein?« Diese Frage stellt sich die zweiunddreißigjährige Jane aus Wien immer wieder. Dann schüttelt sie den Kopf und streicht ganz unbewusst über ihren Bauch.

Sie hat eine gute Figur, schlank und drahtig. Eine Auserwählte sollte sie sein und für all die schrecklichen Abtreibungen in der Welt exemplarisch Buße tun?

»Nicht mein, sondern dein Wille geschehe …«

Was sie zu berichten hat, mutet ungeheuerlich an.

»Ich flog mit einer von Freunden gebuchten Maschine nach Zürich«, beginnt die aufregende Geschichte. »Als ich endlich ankam, machte mir der zurückliegende Flug sehr zu schaffen, trotz der komfortablen Reisebedingungen und des guten, ja ausgezeichneten Service. Ja, ich war von innen her schlecht beieinander, wie man so sagt, konnte jedoch nicht erkennen, warum es mir so erging. Grund genug für die Annahme, ich würde das alles nur träumen, was bald auf mich zukam.

Wir fuhren mit dem Taxi durch die Stadt. Da ich noch nie zuvor in Zürich gewesen war, kann ich nicht sagen, wo wir uns befanden. Urplötzlich trafen wir dann auf ein überraschend freies Feld, von dem die luxuriösen Häuser des Viertels wie von Zauberhand zurückzuweichen schienen.

Aus dem Boden plätscherte munter eine Quelle. War es wirklich eine Quelle oder nur irgendeine Wasserleitung? Es war wohl tatsächlich eine Quelle. Mein Begleiter sagte, dies sei eine Marienstelle besonderer Art, ein magischer Ort des Erkennens anderer Welten. Wir stiegen aus und der Duft, der hier in der Luft lag, war an Lieblichkeit nicht zu übertreffen. Ganz so, als stünde ein durch und durch sympathischer Mensch unmittelbar neben einem, eine Person, die man im wahrsten Sinne des Wortes sehr gut riechen kann!

Alles schien wie im Traum. Unter meinen schwach werdenden Beinen schien der Boden zu schwinden, zumindest zu schwanken. Die Sohlen meiner Füße begannen zu kribbeln, als stünde ich auf einer elektrisch geladenen Platte. Ganz plötzlich musste ich wieder, wie so oft in den vergangenen Monaten, an die unzähligen Schwangerschaftsabbrüche in Europa und auf der ganzen Welt denken. Mir wurde ganz schlecht bei dem Gedanken daran.«

Ab hier ist Jane nicht mehr in der Lage, selbst zu erzählen, was mit ihr geschehen ist. Sie fiel in eine Art Trance, aus der sie erst wieder erwachte, als alles vorbei war.

Eine Begleiterin fährt fort: »Janes Bauch schwoll sichtbar an, wurde größer und größer, kugelrund! Sie musste doch unerträgliche Schmerzen haben! Auch hielt sie sich den runden Bauch, ganz so, wie werdende Mütter es zu tun pflegen. Selbst in ihrem Gesicht war die Schwangerschaft abzulesen.

Doch das alles konnte doch gar nicht möglich sein! Ich kannte Jane seit Jahren und eben noch war sie mit der für ihre jungenhafte Figur flachen, durchtrainierten Bauchdecke vor mir gestanden. Dann sah ich das Licht ringsum …

Da wurde mir klar: Es ging um eine Sache, die viel größer war als ich, als wir alle hier, als dieses ganze Erdenleben sein konnte. Es ging um das Leben selbst.

Dann sagte Jane: ›So viel Leben wird vernichtet, ungeborenes Leben.‹ Sie sprach die Worte im wahrsten Sinn aus dem Bauch heraus und hat heute keine Erinnerung mehr daran, dass sie so zu uns gesprochen hat.

Ich sah Jane an. Komischerweise hatte ich keine

Angst um sie. Mit einem Mal war mir klar: Dies ist eines der seltenen Sühneleiden, von denen ich bisweilen gehört hatte. Jane büßte für die vielen Abtreibungsopfer weltweit.

Das Ganze dauerte etwa eine Stunde. Während der ganzen Zeit lag ein Rosenduft in der Luft. Als Jane wieder erwachte, sagte sie: ›Ein Kind ist etwas so Wunderbares.‹«

Die Geschichte ist inhaltlich so vorgefallen, die Namen wurden jedoch auf Wunsch der Beteiligten verändert. Die Botschaft des Ereignisses ist sehr ernst und weit reichend und fordert uns Menschen auf, das Leben zu achten.
Gott allein ist der Schöpfer und der Herr über Leben und Tod.

EINE WALLFAHRT
ZUR GEISTIGEN HEILUNG

Die inzwischen verstorbene Frau Marianne Halminger aus der Ulmer Gegend war die Schwester eines Benediktinerpaters.

Marianne lebte allein, man nannte solche Lebensart damals in der Ulmer Gegend einschichtig, was so viel wie ledig bedeutet. Die zierliche ältliche Dame verbrachte ihre Tage in einem betagten Pfründehaus, wo sie in einer großen und wegen des alten Inventars unheimlichen Wohnung logierte. Das Haus gehörte der Kirche und war durchwoben von Glaube, Aberglaube, Tradition, Alter und Einsamkeit. Obwohl an diesem Bauwerk mit dem Platz nie gespart werden musste und die Decke sehr hoch oben angesetzt war, blieb von Gemütlichkeit keine Spur. In der dunklen Diele hing ein Kreuz mit dem daran befestigten Christus. Marianne ging schlürfenden Schrittes tagein, tagaus daran vorbei und grüßte den Gekreuzigten. Wenn Jesus im nächsten Moment den im Tod vornübergeneigten und dornendurchstochenen Kopf ihr zugewandt und das Wort an sie gerichtet hätte – es hätte die seherische Frau keinesfalls verwundert.

Vielleicht geschah solch ein wundersames Ereignis sogar ab und zu. Und sie redete nicht darüber. Denn dass der Gemarterte ihr nachsah, wenn sie vorüberging, daran hatte sie sich längst gewöhnt.

Die stille Dame in den Jahren galt als geistig leicht verwirrt, was sicherlich einer der Gründe für ihre Einschichtigkeit war, eher dürfte man sie jedoch als wahre Mystikerin ansehen, eine Frau von tiefer und unerschütterbarer religiöser Erlebnisfähigkeit, ein empfindender Mensch mit suchender Seele, dem es einfach nicht vergönnt war, einen Partner zu finden.

Wenn Marianne sich aber in eine Unterhaltung einließ, erstaunte sie den jeweiligen Gesprächspartner stets aufs Neue: Gerissen, klug und übersinnlich konnte sie sich dann äußern. Wenn man auf sie einging, kam auch ein halbwegs brauchbares Gespräch zustande.

Weder die Einschränkungen der geistigen Gesamtbefindlichkeit noch das Alleinsein hinderten Marianne daran, eines Tages den Entschluss zu einer Wallfahrt zu fassen. Zum Wannenkäppele sollte es gehen, eine seit dem Dreißigjährigen Krieg bekannte Marienwallfahrt.

Dort stand sie an heiligem Orte, betete zu der

Gottesmutter, erwartete überhaupt nichts Bestimmtes, sondern war nur ganz präsent.

Doch da!

Ein helles, warmes Licht tauchte sie in einen Zustand der Zeitlosigkeit, Entrückung und Ewigkeit, eine unendliche Öffnung des geschaffenen Kosmos sog sie an, dann strömte nicht zu benennende Kraft in ihren Körper, in ihren Geist und in ihre Seele, eine Wucht des Da-Seins, die sich gnadenhaft im Jetzt zeigt.

Marianne spürte, wie sie Gedanken denken konnte, die ihr noch nie in den Sinn gekommen waren, und sie staunte selbst am meisten darüber.

Als sie wieder daheim war, sagte bald jeder: »Unsere Marianne kennen wir nicht mehr. Sie ist geistig vollends gesundet!« Auch ihre Bewegungen, ihr ganzes Verhalten und die Art und Weise, wie und was sie sprach, war ganz anders – einfach normal.

Marianne hatte durch das Marienwunder gelernt, sich verbal so auszudrücken, wie die Alltags-Umwelt es erwartet. Ihre spektakulären Visionen und Einsichten behielt sie für sich.

Auch das ist geistige Gesundung …

Pater Frumentius schrieb: »Großes Vertrauen setzte das christliche Volk früher auch auf die

Wallfahrten (...), obwohl staatlicherseits in der Zeit der Aufklärung das Wallfahrten offiziell verboten war, und zwar durch einige Jahrzehnte, ließ sich das Volk nicht beirren.«

Wallfahren bedeutet: Beten zu Fuß, sich Gott erwandern! Die Wallfahrt kann das Wunder nicht herbeizwingen, schafft jedoch ideale Voraussetzungen. Deshalb ist die Zahl der Wunder- oder Spontanheilungen insbesondere bei Marienwallfahrten zahllos!

DER DOPPELTE SPIEGEL

Lucretia war ein himmlisch schönes Mädchen von sechs Jahren; die Natur hatte sie, was das Ebenmaß der Gesichtszüge, die volle seidige Pracht der langen Haare und den etwas traurigen Blick tiefblauer Augen anging, mit Gnadengaben der Schönheit geradezu überschüttet. Ihr trotz ihrer Jugend sehr weiblicher Blick konnte urplötzlich in ein gewinnendes Lachen übergehen. Doch ist es unbedingt immer eine Gnade, so schön zu sein? Das Mädchen war bislang in Wesen und Verhalten natürlich wie andere Kinder auch, doch fiel ihr nun auf, dass umstehende Menschen immer öfter spontan und hingerissen von ihrem außergewöhnlich anmutigen Äußeren sprachen.

Das allerdings weckte in ihr Eigenschaften, die nicht gottgefällig sind, öffnen sie doch Tore zur Überbetonung des Ich, des verführbaren Ego, dem dann nur allzu oft Eitelkeit und Eigenliebe folgen.

Die Quelle in dem Kirchenarchiv berichtet, dass

Lucretia, wenn sie sich im Kreise mehrerer Menschen befand, »oft ihre Schönheit, ihre Liebenswürdigkeit und ihre Anmuth rühmen hörte und dadurch von dem Stachel der Neugierde getrieben wurde, zu sehen, ob das wahr sei, was man sagte«.

So stieg sie eines Tages, als sie sich allein in der elterlichen Wohnung wähnte, mithilfe eines Sessels auf den Tisch. Denn dahinter hing ein großer Spiegel.

Nun sah sie erstmals sehr bewusst in einem goldenen Rahmen die unglaubliche Schönheit, die ihr geschenkt ward, und dieses Erstaunen über ihre Wohlgestalt, verbunden mit wenngleich kindlicher, aber auch schon sehr erwachsener Eigenliebe, brachte ihre Seele in Gefahr. Sie »gibt einem Wohlgefallen an sich selber Raum«, steht in der alten Schrift.

In ihr eigenes Bild vertieft, wendet sie sich nach allen Seiten, lässt das Haar einmal so, einmal so fallen …

Dann plötzlich hört sie eine Stimme: »Lucrezchen!«

Erschrocken zuckte sie zusammen. An der anderen Wand des Zimmers hing ein lebensgroßes Bildnis der Muttergottes, es reichte fast bis zum Boden. Und Lucretia, eben noch so sündhaft eitel mit sich selbst beschäftigt, sah in ebendiesem Spiegel, wie die Madonna aus dem Bildnis herausstieg und vollkommen körperlich hinter ihr stand.

Das Kind wendete sich der Kimmelskönigin zu. »Wie schön sie ist!«, dachte Lucretia. »Viel schöner noch als ich.«

Dies war der erste Schritt zur Einsicht, dass göttliche Schönheit noch vollkommener ist als alles, was es auf Erden gibt.

»Lucrezchen«, sagte Maria wieder, streng, aber liebevoll, »du bist auf einem gefährlichen Weg, wenn du dich gar so selbstverliebt betrachtest. Achte darauf, dass deine Seele ebenso schön bleibt wie dein Gesicht. – Sorge lieber dafür, Gott zu gefallen!«

Lucretia war zutiefst erschüttert. Sie stieg von dem Tisch hinunter und ging nun mit einer ebenso kindlichen und ehrlichen Offenheit auf die Gottesmutter zu. Sie berührte diese sogar. Dann entspann sich eine längere Unterhaltung, in deren Verlauf Maria durch verstehende Liebe das Kind davon überzeugt, dass Schönheit zwar ein Grund zur Freude sei, jedoch kein Verdienst, das berechtigt, sich über andere zu erheben.

Als die Eltern ins Zimmer traten, sahen sie Lucretia mit Tränen in den Augen das Madonnenbild betrachten. Mehr erkannten sie nicht.

Ihre Tochter war von da ab jedoch wie verwandelt. Die manchmal zu beobachtende Affektiertheit war wie weggeblasen, auch den etwas altklug schnippischen Ton hatte sie wie durch ein Wunder verloren.

Die unglaubliche Geschichte von dem aus sich selbst herausgetretenen Madonnenbild wollten die Eltern kaum glauben. Wenn nicht diese Veränderung in Lucretia gewesen wäre. Irgendetwas musste denn doch gewesen sein, denken der Vater ebenso wie die Mutter. Nur was?

»Sorge lieber dafür, Gott zu gefallen!«

Lucretia hat diesen Spruch niemals vergessen und trug später ihr Leben lang Sorge, dass diese Weisheit weitergetragen wurde. Darum wissen wir heute noch von dem wahren Vorfall.

Der Spiegel hat eine Doppelfunktion: Einmal zeigt er die eitle Welt in Form des Ego, dargestellt durch die eigene Schönheit, dann aber die eigentliche Welt, auf die es ankommt, die Welt der Mehrschichtigkeit. Maria steigt aus dem Spiegel, der in poetischen Texten und wahren Wundern immer wieder die Sphäre des Geheimnisvollen, Unerklärlichen, auch des Magischen darstellt.

Was ist wirklich: Letztlich alles, was wirkt. Und Maria wirkt in die Welt hinein.

DIE MADONNA MIT DER LICHTGLORIOLE

Kai Uwe Zschock, fünfundvierzig Jahre alt, hatte nun schon seit einer Woche anhaltenden Ärger im Berufsleben. Obwohl Kai Uwe, ein groß gewachsener und stets gepflegt auftretender Mann, der einen blendenden Abschluss an der Journalistenschule ebenso wie ein kaufmännisches Diplom aufweisen konnte, es lange schon zum Leiter der Marketingabteilung der bekannten Frankfurter Tageszeitung gebracht hatte und obwohl er als freundlich, fleißig und kompetent galt: Der dynamische Aufsteiger war, wie schon so oft, über seine ureigene Achillessehne gestolpert.

Er war verheiratet und hatte sich vor knapp einem Jahr auf eine Liaison mit einer Angestellten des Großbetriebes eingelassen. Er hatte während dieses Rausches entfesselter Gefühle bei all dem heimlichen Treiben wilde, stürmische und enthemmte Tage und Nächte verlebt. Doch seitdem war sein ehedem fein abgestimmter Gefühlshaushalt ziemlich durcheinander geraten.

Und die vielen Lügen, das Hinhalten und Hintergehen letztlich von zwei Frauen, all die mit belegter Stimme dahingesagten Halbwahrheiten zehrten an ihm, auch wenn er dies nicht wahrhaben wollte!

Dann kam es zu einem jähen Bruch zwischen ihm und seiner Geliebten, die Maria hieß.

Beide sagten böse Worte und Maria schwor ihm berufliche Rache, sagte ihm ihre bösen Pläne ins Gesicht. Dabei verschwieg sie jedoch die geplante Vorgehensweise.

So schied man auseinander, stillos vor sich selbst, grausam zum anderen und schändlich vor Gott.

Kai Uwe und Maria arbeiteten wie gesagt nicht nur in derselben Firma, sondern auch räumlich in unmittelbarer Nähe.

Sie eine blendende Journalistin, er ihr Abteilungsleiter.

Hatten sie bisher mit Erfolg die Intimität der Beziehung verheimlichen können, so fiel nun manchem feinfühlenden Mitarbeiter aus dem Kollegenkreis das auffallend betonte Sich-aus-dem-Weg-Gehen von Kai Uwe und Maria auf.

Das Gift der Leidenschaft aus vergangenen Nächten wirkte nun weiter, allerdings in eine ganz andere Richtung.

Dann spürte Kai Uwe mehr und mehr, wie

Maria, die nicht dumm war, mit tödlicher Beständigkeit und Klugheit ein Netzwerk zu spinnen begann.

Er war nicht in der Lage, ihre Ränke zu durchschauen, doch er hatte ein Angst machendes Gefühl im Bauch, sein Überlebensinstinkt in ihm murmelte, dass etwas vorging. Und die Angst bestand in diesem Falle nicht zu Unrecht.

Irgendwann, an einem Freitag, unmittelbar vor dem ersehnten Wochenende mit Familie und Kindern, platzte die Bombe.

Der Chef rief ihn zu sich. Kai Uwe Zschock solle zu dem Vorwurf Stellung nehmen, er würde Kolleginnen belästigen. Und, was noch schlimmer war, es wurde ihm Versagen vorgeworfen, ein Fehler, den er niemals begangen hatte, eine Unterlassung, die schon als kriminell hätte gewertet werden können. All dies war völlig aus der Luft gegriffen, gewiss, doch die Anschuldigung war so logisch aufgebaut, dass Leugnen peinlicher gewirkt hätte als gar nichts zu sagen. Kai Uwe war klug genug, nichts zu sagen. Er nickte mit dem Kopf, blieb höflich und wusste, die Lage war aussichtslos.

Das sollte jedoch noch nicht alles gewesen sein für diesen Tag. Daheim angekommen, empfing ihn die Frau mit der vollen Wahrheit seines bislang nie angesprochenen einjährigen Fremdgehens, die Frau sagte es beinahe freundlich, ganz entschlossen servierte sie ihm Fakten, die sie am Vormittag dieses bedeutungsschweren Tages zugespielt bekommen hatte, legte Tatsachen auf den Tisch, so leidenschaftslos wie Kontoauszüge.

Scheidung.

Nun stand Kai Uwe vor den Scherben der privaten und beruflichen Existenz. Er wusste, dies war ein Zweifrontenkrieg, den er gar nicht mehr zu führen brauchte, denn dieser Krieg war an beiden Fronten bereits verloren.

Das Einzige, was ihm einfiel zu tun, war seine Mutter in München zu besuchen.

Die Wunder begannen schon, als er im Abteil saß. Eine ältere Dame setzte sich ihm gegenüber, man begann ein Gespräch. Da die feinfühlige Frau sich sehr bald als wunderbare Zuhörerin entpuppte, flossen seine Sorgen und sein Kummer aus ihm heraus. Obwohl er selbst glaubte, er würde über Ereignisse der Zeitgeschichte reden, auch über Alltägliches – er sprach doch nur über sich selbst. Er sagte zwar nicht die ganze Wahrheit, das traute er sich nicht, doch sie wusste alles!

»Kann Gott direkt zu uns sprechen? Ich glaube es nicht und doch wieder ...«, sagte sie langsam, als Kai endlich eine Pause gemacht hatte.

Warum redete sie von Gott? Der hatte Kai Uwe wahrlich noch nie interessiert.

Er schwadronierte nun über Goethe.

»Das Wunder ist des Glaubens liebstes Kind«, zitierte sie den Altmeister. Gebildet war sie also auch noch.

Als er ausgestiegen war, durchmaß er ziellos den Münchner Hauptbahnhof. Irgendwo in der Bahnhofsgegend, genauer gesagt in der Schillerstraße, stand eine billige Madonnenfigur im Schaufenster. Alltagskitsch für die vielen Südländer, die gerne hier verkehrten und einkauften.

Warum haftete sein Blick unverwandt an dieser Marienfigur? Und warum sah sie ihn an?

Plötzlich traute er seinen Augen kaum: Die Figur leuchtete. Sie war überzogen mit einer Art atmosphärischem Licht. Das zierliche Figürchen strahlte genau so, wie Marienfiguren auf Kitschdarstellungen frommster Einfalt zu strahlen pflegen. Doch diese Lichtgloriole war echt.

Wie er in den Laden kam, wusste er nicht. Der Verkäufer, ein Spanier, bemerkte sein Interesse und holte die kleine Madonna aus dem Schaufenster. Er nannte den Preis, der lächerlich gering war. Kai Uwe hatte auch keinerlei Interesse zu feilschen. Er erstand die Gipsfigur und als sie in seiner Tasche verschwunden war, ging es ihm schon besser.

Sie war eigentlich ein ideales Geschenk für seine Mutter. Bald fand er ein Taxi. An der Beifahrerseite des cremefarbenen Taxis klebte ein Schildchen: »Ohne Glaube sind wir verloren!« Der Fahrer sagte die ganze Fahrt über kein Wort, sah ihn jedoch mit einem Blick an, als ob er über jede Sekunde des Lebens Bescheid wüsste.

Bald am Ziel angekommen, in der Wiener Straße im Stadtteil Haidhausen, stellte Kai die Madonna auf den Küchentisch.

Sie strahlte immer noch, die Mutter freute sich über dies Geschenk, dessen Auswahl für ihren Sohn sehr ungewöhnlich war. So wie sie ihn kannte, war das einfach mehr als überraschend, dass Kai eine Madonna erstand.

»Siehst du das Leuchten nicht, Mutter?«

Die alte Dame, die dieses heiligende Strahlen nicht sehen konnte, spürte, dass Bedeutendes in ihm vorgegangen war, und schwieg.

»Bring dein Leben in Ordnung, noch ist es nicht zu spät«, sagte sie nach einer ganzen Weile.

Genau der richtige Satz im richtigen Moment. Kai Uwe arbeitet heute bei einer Münchner Zeitung, die sich auf christliche Grundwerte beruft. Ausgerechnet er.

Die Ehe konnte er retten, allerdings in letzter Sekunde. Das ehemalige Objekt seiner Begierde verstrickte sich in Frankfurt im Netz der selbst gesponnenen Rachefäden. Sie musste bald die Redaktion verlassen. Keiner hat je wieder von ihr gehört.

Geheimnisvolle Zeichen zahllos in unserer Alltagswelt – wir müssen sie nur sehen und zu deuten wissen. Vor allem die Gottesmutter versteht es gerade in unserer Zeit, sich plötzlich zu zeigen. Mitten im Leben ein Zeichen der himmlischen Weg-Weiserin und Beschützerin sehen!

»Die Jungfrau Maria (...) wird als wahre Mutter Gottes und des Erlösers anerkannt und geehrt. (...)

Durch dieses hervorragende Gnadengeschenk hat sie bei weitem den Vorrang vor allen anderen himmlischen und irdischen Kreaturen. Zugleich aber findet sie sich mit allen erlösungsbedürftigen Menschen in der Nachkommenschaft Adams verbunden.« (Aus der Kirchenkonstitution des Zweiten Vatikanischen Konzils »Lumen Gentium«, 8. Kapitel, Artikel 53).

DIE SCHUTZMANTEL-MADONNA
VON MODENA

Wir schreiben das Jahr 1672. Das Kirchenarchiv berichtet von einem »sehr zu Zorn geneigten jungen Mann von wilder Gemüthsart, welcher gleich zu den Waffen griff«. An jenem Tag begab sich der rauflustige junge Mann jedoch nicht in eine Spelunke, sondern ging geradewegs in die Kirche, um zu beichten. Er hatte sein bisheriges Leben gründlich satt und sehnte sich nach etwas anderem.

»Du sollst nie mehr Waffen tragen, Alessandro, das ist besser für dich!«

»Warum, Pater?«

»Da diese leicht Streitigkeiten anschüren und die Werkzeuge vieler Leiden sind.«

»Oh.«

»Wer wirklich bereut, der braucht keine Mittel zur Befriedigung des Zornes.«

Alessandro, der Haudegen, schien dies zwar einzusehen, dann regten sich jedoch Bedenken in ihm, was seine künftige Sicherheit betraf. So Unrecht hatte er damit freilich nicht, wenn man daran dachte, was er anderen Menschen angetan hatte.

»Ich bin bekannt und äußerst unbeliebt«, sagte er deshalb zum Pater.

»Das ist kein Wunder bei dem, was du mir alles gebeichtet hast«, gab der Pater zu.

»Die schlagen mich tot! Wenn mich einer meiner früheren Opfer ohne Waffen sieht, wird er sich an mir zu rächen suchen …«

»Vertraue auf Gott.«

»Ich habe Angst.«

»Das ist genau die richtige Buße für dich. Wer hat nicht alles Angst haben müssen wegen deiner Auftritte die letzten Jahre …«

»Aber …«

»Du stehst unter dem Schutz der Gottesmutter. Sie ist nun ein Schild für dich.«

Mit gemischten Gefühlen schied Alessandro von dannen.

Kurze Zeit nach diesem Gespräch befand er sich an einem sonnigen Tag in Modena auf dem Marktplatz und betrachtete eine Schutzmantel-Madonna. Er war völlig unbewaffnet, so wie der Pater es ihm gesagt hatte.

Doch, da!

Plötzlich tauchten drei sehr unangenehme Genossen auf dem Platz auf. Sie schossen, ehe noch ein Wort fallen konnte, aus Feuerwaffen Kugeln auf ihn ab. Sie zielten mit ruhiger Hand, kaltblütig und entschlossen, und normalerweise trafen sie auch sehr genau.

Alessandro hörte ein unheimliches metallisches Zerbersten vor seiner Brust und dann gespenstisches Pfeifen in der Luft.

Die Kugeln prallten alle vor ihm ab: Er war von einem unsichtbaren Schild umgeben!

Nur einer der Burschen hatte dann noch den Mut, aus nächster Nähe auf den aufrecht dastehenden Alessandro zu schießen, doch die Kugel zerbarst wenige Zentimeter vor seiner Brust.

Der Mann rannte weg, so schnell ihn seine Beine trugen.

Plötzlich drehte er sich um und warf sich vor der Madonna auf den Boden. Er bereute seine Tat und dies war der Anfang einer radikalen Kehrtwende in seinem Leben.

Alessandro schaute der Schutzmantel-Madonna ins Gesicht. Die lächelte nur, fast verschwörerisch, etwas schelmisch, aber nicht ohne Humor.

Der Mantel ist ein uraltes Symbol der Würde, des Schutzes, auch der Macht. Seit Ende des 13. Jahrhunderts gibt es in Europa das Motiv der Schutzmantel-Maria, und zwar jener so schön auf Bildern und in Liedern dargestellten Madonna, »die den Mantel ausbreitet«.

Es gibt im Leben eines jeden Menschen geistige Schilder, die in keiner Weise erklärbar sind. Trotzdem sind sie da, sind eine Tatsache.

Wir Zeitgenossen wissen hinterher oft gar nicht, wer oder was uns beschützt hat. Denn so eindeutig wie in dieser Geschichte aus dem Kirchenarchiv ist das Leben selten.

Üben wir jedoch den Blick für die Dinge hinter den Dingen. Die lebensbeschützende Madonna ist in vielen bezeugten Fällen für Menschen Leben erhaltende Realität geworden. Der Glaube öffnet den Zugang zum Leben, zum Überleben. Glaube und Leben stehen in linearem Zusammenhang, denn das Leben glaubt an sich selbst!

144 Seiten, ISBN 3-485-00907-5

Fritz Fenzl

Wunderwege in Bayern

Geheimnisvolle Wege

Zu allen Zeiten sind Menschen auf Pilgerwegen zu Kraftorten gelangt, um dort Heilung oder Wunder zu erfahren. Gerade in Bayern sind noch viele alte Kraftwege erhalten. Fritz Fenzl beschreibt 20 dieser Wege, erzählt und deutet die Geschichten und Legenden, die sich um sie ranken. Dabei stellt er fest, dass auch in unserer Zeit die besondere Energie magischer Wege und Stätten wahrnehmbar ist.

nymphenburger

Besuchen Sie uns im Internet unter www.herbig.net

208 Seiten · ISBN 3-485-00853-2

Fritz Fenzl
Wahre Wunder

Wunder sind Wirklichkeit

Fritz Fenzl präsentiert eine spannende und unterhaltsame Auswahl wahrer Wundergeschichten. Von der heilenden Kraft des Gebets, der wundersamen Macht von Sakramenten und von dämonischen Spukwesen ist dort ebenso die Rede wie von Schutzengeln und Zufällen, die keine sein können.

Fritz Fenzl
Schutzengel-Wunder

Schutzengel gibt es wirklich

Engel erscheinen in Menschengestalt, als Lichterscheinung, sie sprechen zu den Menschen im Traum oder machen sich in vordergründig unerklärlichen Zufällen bemerkbar. Fritz Fenzl berichtet authentisch von unglaublichen Geschichten über Schutzengel, die im Licht des christlichen Glaubens plausible Erklärungen erhalten.

208 Seiten · ISBN 3-485-00888-5

nymphenburger

Besuchen Sie uns im Internet unter http://www.herbig.net